BUDISMO
Uma Introdução Concisa

Huston Smith
Philip Novak

BUDISMO
Uma Introdução Concisa

Tradução
CLAUDIO BLANCK

Editora
Cultrix
SÃO PAULO

Título original: *Buddhism: A Concise Introduction.*

Copyright © 2003 Huston Smith e Philip Novak.

Publicado mediante acordo com a HarperSanFrancisco, uma divisão de HarperCollins Publishers, Inc.

Copyright da edição brasileira © 2004 Editora Pensamento-Cultrix Ltda.

1ª edição 2004.

7ª reimpressão 2018.

Foto da capa: Don Farber.

Todos os direitos reservados. Nenhuma parte deste livro pode ser reproduzida ou usada de qualquer forma ou por qualquer meio, eletrônico ou mecânico, inclusive fotocópias, gravações ou sistema de armazenamento em banco de dados, sem permissão por escrito, exceto nos casos de trechos curtos citados em resenhas críticas ou artigos de revistas.

A Editora Cultrix não se responsabiliza por eventuais mudanças ocorridas nos endereços convencionais ou eletrônicos citados neste livro.

Direitos de tradução para o Brasil
adquiridos com exclusividade pela
EDITORA PENSAMENTO-CULTRIX LTDA.
Rua Dr. Mário Vicente, 368 – 04270-000 – São Paulo, SP
Fone: (11) 2066-9000 – Fax: (11) 2066-9008
E-mail: atendimento@editoracultrix.com.br
http://www.editoracultrix.com.br
que se reserva a propriedade literária desta tradução.
Foi feito o depósito legal.

Impressão e acabamento: *Orgrafic Gráfica e Editora*

A todos os seguidores do dharma e a outros que estão interessados em explorar seus potenciais para melhorar a própria vida e o curso da História, os autores respeitosamente dedicam este livro.

SUMÁRIO

Prefácio 9

Agradecimentos. 13

Parte I: A Roda do Dharma 15

  1. O Homem que Despertou. 17

  2. O Sábio Silencioso 26

  3. O Santo Rebelde 32

  4. As Quatro Nobres Verdades. 40

  5. O Caminho Óctuplo. 46

  6. Outros Conceitos Centrais do Budismo: *Nirvana, Anatta,*
     As Três Marcas da Existência, Ascensão Dependente e Vazio. . . . 57

  7. Theravada e Mahayana: *A Grande Divisão* 67

  8. Vipassana: *O Caminho Theravadin da Introvisão* 77

  9. Zen-Budismo: *O Segredo da Flor* 89

 10. Budismo Tibetano: *O Raio de Diamante* 104

 11. A Imagem da Travessia 110

 12. A Confluência do Budismo e do Hinduísmo na Índia 114

Parte II — A Roda Gira para o Oeste

13. A Nova Migração 119

14. América: O Buda Completo 130

15. Adaptações: *O Novo Budismo*...................... 136

16. A América Começa a Meditar I:
    Os Caminhos do Zen 142

17. A América Começa a Meditar II:
    O Budismo Tibetano no Exílio 151

18. A América Começa a Meditar III:
    O Movimento Vipassana........................... 160

Posfácio: O Florescimento da Fé: *A Tradição do Budismo*
    Terra Pura...................................... 170

Notas 182

Sugestões de Leituras Adicionais: *Um Guia Comentado* 199

PREFÁCIO

Esta obra reconceitua o capítulo sobre budismo de *As Religiões do Mundo,* de Huston Smith, e tira proveito do espaço adicional que o livro oferece para se aprofundar nos conceitos básicos do budismo. E, o mais importante, o budismo theravada (que foi obscurecido pelo mahayana no *As Religiões do Mundo*) é mostrado mais de perto, cumprindo o intento da obra. Dessa forma, sobre esses embasamentos, o livro constrói uma segunda narrativa, por assim dizer. A segunda parte do livro, totalmente nova, conta a história da imigração do budismo para o Ocidente, particularmente para os Estados Unidos.

Nesta feliz co-autoria, os autores trabalharam juntos em cada página, com a liderança de Smith na primeira parte e a de Novak na segunda. E então, por motivos que serão observados no devido tempo, a pena voltou a Smith e ele escreveu o posfácio sobre o budismo terra pura.

A parceria que permeou o livro foi boa de diversas maneiras. Sem considerar que os talentos de um autor complementam os do outro, Novak escreveu sua tese de doutorado sob supervisão de Smith, na Syracuse University, e a proximidade geográfica — Novak leciona na Dominican University, em San Rafael, a meia hora de carro, através da Baía de San Francisco, até a Berkeley de Smith — permitiu que a amizade maturasse como um velho vinho. Uma prova disso é que eles não se embaraçam ao levantarem a voz um para o outro quando surgem divergências, como invariavelmente acontece num trabalho de autoria conjunta. Em todo caso, porém, as diferenças foram resolvidas de forma que ambas as partes sentiram que a decisão em questão resultaria num livro melhor.

De uma outra forma, os autores se complementam porque suas práticas budistas cobrem os dois lados do budismo. Novak se dedica à *vipassana* do budismo theravada desde a infância, enquanto Smith foi discípulo de Goto Zuigan Roshi durante quinze anos, estudando o zen mahayana.

Os autores desejam agradecer ao editor do livro, John Loudon, por concebê-lo e encomendá-lo. O estímulo que deu aos autores para que parassem durante oito meses e lavassem a mente e o espírito uma vez mais com os tesouros dessa grande tradição veio como um grande repouso, surgindo como se fosse um oásis nas suas vidas atribuladas. Há muito, muito tempo, o Buda embarcou numa busca por uma maneira de experimentar a vida de forma vibrante e completa quando encarou os três axiomas inexoráveis da velhice, doença e morte. À época da sua morte, ele tinha encontrado essa maneira que, nos 2.500 anos seguintes, transformou a vida dos milhões que o seguiram.

Duas outras notas devem ser acrescentadas. A primeira se refere à terminologia. O vocabulário budista chegou até nós via duas antigas línguas indianas, pali e sânscrito, e termos sânscritos como *karma, nirvana* e *dharma*, são mais conhecidos no Ocidente do que seus correspondentes em pali, *kama, nibana* e *dhama*. Pode-se concluir que o uso exclusivo de termos em sânscrito num livro como este seria a maneira mais óbvia de se proceder. Mas o assunto é mais complexo. Algumas vezes, o contrário é verdadeiro e termos em pali como *anica* (impermanência) e *anata* (ausência do eu, ou não-eu) são mais conhecidos que o sânscrito *anitya* e *anatman*. Dessa maneira, nossa regra geral foi respeitar o uso comum em vez de manter fidelidade a alguma língua. Exceções a essa regra acontecem apenas nos capítulos 8 e 18, ambos sobre o budismo theravada, onde, por causa da deferência à ligação dessa tradição com o pali, usamos apenas termos em pali. Segundo, com exceção de termos como karma e nirvana, os quais se tornaram parte do vocabulário ocidental, usamos itálico para grafar os termos estrangeiros a primeira vez que os usamos, mas não depois disso.

Ainda nos resta agradecer a valiosa ajuda que recebemos de outros. Um certo escritor disse que todo mundo, exceto eu mesmo, tem sido meu mentor, e nós ecoamos essa afirmação. Entretanto, há certas pessoas que foram fontes especiais de ajuda e incentivo neste projeto. Gostaríamos de agradecer a Dhananjay Chavan, John Kling, Donald Rothberg, Harry e Vivian Snyder e Roger Walsh pelas suas valiosas sugestões ao lerem partes ou o texto inteiro durante as várias fases da redação. Muito obrigado, também, ao nosso produtor editorial, Chris Hafner, pela sua soberba supervisão. A ajuda de Tetsuo Unno no posfácio do livro está lá reconhecida. E, claro, quaisquer imperfeições que permaneçam no texto são responsabilidade unicamente dos autores. Finalmente, Novak gostaria de agradecer a Dominican University of California pela licença sabática que possibilitou que ele trabalhasse neste projeto.

Huston Smith e Philip Novak

AGRADECIMENTOS

~~~

Agradecimentos pela permissão de utilizar material com direitos reservados:

Buddhist Texts Through the Ages, © Muriel Conze, 1995. Reproduzido com permissão da Oneworld Publications.

Buddhist Scriptures, traduzido por Edward Conze (Penguin Classics, 1959), © Edward Conze, 1959. Reproduzido com permissão da Penguin Books, Ltd.

Buddhism: Its Essence and Development, de Edward Conze (Birmingham, Inglaterra: Windhorse Publications, 2001), © Janet Kavanaugh, com permissão da Windhorse Publications.

The Awakening of the West: The Encounter of Buddhism and Western Culture (1994), de Stephen Batchelor, com permissão da Parallax Press, Berkeley, California, www.parallax.org

Like a Dream, Like a Fantasy — The Zen Writings of Nyogen Sensaki, usado com permissão de The Zen Studies Society, 223 East 67th St., New York, NY 10021. Eido T. Shimano, Roshi, Abbot. www.zenstudies.org

The New Buddhism de James William Coleman, © 2001 James William Coleman. Usado com permissão da Oxford University Press, Inc.

De Nyanaponika Thera, tradução, *Anguttara Nikaya: An Anthology*, parte II em *The Wheel*, nº 208-11, folio 56, "The Practice of Metta", em Sutta Nipata 145-51, traduzido por Nanamoli Thera em *The Wheel*, nº 7, p. 19, *Majjhima Nikaya*, Sutta nº 7, "The Simile of the Cloth", traduzido por Nyanaponika Thera; *Digha Nikaya* 16 (*Mahaparinibbana Sutta*), parte 3, verso 61; Soma Thera, tradução, *The Way of Mindfulness,* 6ª edição revisada, uma tradução da *Sattipatthana Sutta* do *Majjhima Nikaya*, p. 11 da versão online, http://www.accesstoinsight.org. Cortesia da Buddhist Publication Society, Inc., Sri Lanka.

Peace is Every Step, de Thich Naht Hanh (Nova York, Bantam, 1991) com permissão da Bantam Books, a division of Random House, Inc.

The Path of Light, de L. D. Barnett, com permissão de John Murray (Publishers) Ltd.

Inquiring Mind, vol. 18, nº 1, Outono de 2001, p. 38, reimpresso com permissão de S.N. Goenka and Inquiring Mind, P.O. Box 9999, Berkeley, CA 94709, www.inquiringmind.com

Srimad Bhagavata: The Holy Book of God, Skanda 9, Capítulo 21, verso 12, com permissão de Sri Ramakrishna Math, Mylapore, Chennai, Índia.

How The Swans Came to the Lake, de Rick Fields © 1981, 1986, 1992 de Rick Fields. Reimpresso pela Shambhala Publications, Inc., Boston, www.shambhala.com

Palavras de Shunryu Suzuki, Roshi, de *Wind Bell,* vol. 5, nº 3, verão de 1968, com permissão do San Francisco Zen Center.

The Dhammapada, traduzido por Eknath Easwaran, fundador do Blue Mountain Center of Meditation, © 1985, reimpresso com permissão da Nilgiri Press, www.nilgiri.org

"Digital Dharma", de Erik Davis, Wired Online, agosto de 1994, © 1994 Conde Nast Publications. Todos os direitos reservados. Originalmente publicado pela Wired. Reimpressão permitida.

The Buddhist Tradition, de William Theodore de Bary, © 1969 William Theodore de Bary. Reimpressão permitida pela Random House, Inc.

The History of Zen Buddhism, de Heinrich Dumoulin (Boston: Beacon Press, 1963; reimpressão em brochura). Direitos originais: Random House. Reimpresso com permissão da Random House, Inc.

Os autores fizeram todos os esforços para localizar os proprietários dos direitos autorais de cada trecho com mais de quarenta palavras citado neste livro. Se eles inadvertidamente omitiram algum, terão prazer em fazer os acertos necessários na primeira oportunidade.

PARTE I

A RODA DO DHARMA

1

〜〜〜

O HOMEM QUE DESPERTOU

O budismo começa com um homem. Nos últimos anos da sua vida, quando a Índia ardia com a sua mensagem e os reis se curvavam para ele, as pessoas iam vê-lo, da mesma maneira como iriam a Jesus, perguntando o que ele era.[1] Quantas pessoas fizeram a pergunta: não "quem é você?", mas *o que é você? A qual ordem da existência você pertence? Que espécie você representa?* Não César, certamente. Nem Napoleão, ou nem mesmo Sócrates. Apenas dois: Jesus e Buda. Quando as pessoas expunham sua perplexidade ao Buda, a resposta que ele dava conferia identidade a toda a sua mensagem:

— *Você é um deus?, perguntavam*
— *Não.*
— *Um anjo?*
— *Não.*
— *Um santo?*
— *Não.*
— *Então, o que é você?*
— *Sou aquele que despertou, respondeu Buda.*

Sua resposta se tornou o seu título, pois é isso o que "Buda" quer dizer. A raiz sânscrita *budh* denota tanto "despertar" quanto "saber". Buda, portanto, significa "O Iluminado", ou "O Desperto". Enquanto o resto do mundo estava envolto no útero do sono, sonhando um sonho conhecido como o estado desperto da vida humana, uma dessas pessoas acordou. O budismo começa com um homem que sacudiu o torpor, o sono, os caprichos oníricos da consciência comum. Começa com um homem que despertou.

Sua vida foi envolta numa lenda amorosa. Contam-nos que os mundos foram inundados pela luz quando ele nasceu. Os cegos queriam tanto ver sua glória que receberam a visão; os surdos e mudos conversavam extasiados sobre as coisas que aconteceriam. As costas dos corcundas ficaram eretas, os mancos puderam andar. Prisioneiros foram soltos das suas correntes e os fogos do inferno, extintos. Até mesmo os rugidos das feras silenciaram enquanto a paz envolvia a terra. Apenas Mara, o Mal, não festejava.

Grosso modo, os fatos históricos da sua vida são os seguintes: ele nasceu em 563 a.C. onde hoje é o Nepal, perto da fronteira com a Índia. Seu nome inteiro era Siddharta Gautama, dos sakyas. Seu primeiro nome era Siddharta, Gautama, seu sobrenome, e Sakya, o nome do clã ao qual sua família pertencia. Seu pai era um rei, mas como havia muitos reinos no subcontinente indiano, seria mais preciso pensar nele como um senhor feudal. Para os padrões da época, Siddharta cresceu cercado de luxo. "Eu era delicado, ó monges. Excessivamente delicado. Vestia trajes de seda e meus criados erguiam um guarda-sol branco sobre mim. Meus ungüentos eram sempre de Banaras."

Ele parece ter sido excepcionalmente belo, pois há numerosas referências à "perfeição do seu corpo visível". Com 16 anos, ele se casou com uma princesa vizinha, Yasodhara, que lhe deu um filho a quem chamaram Rahula.

Ele era, em resumo, um homem que parecia ter tudo: família, "o venerável Gautama é bem-nascido de ambos os lados, de pura descendência"; boa aparência, "bonito, inspira confiança, dotado de uma compleição muito bela, de cor clara, ótima presença e digno de ser visto"; riqueza, "tinha elefantes e adornos de prata para seus elefantes"; uma esposa-modelo, "majestosa como uma rainha celestial, sempre constante, alegre noite e dia, cheia de dignidade e transpirando graça", que deu a ele um belo filho. Além disso, como herdeiro do trono do seu pai, estava destinado à fama e ao poder.

Apesar de tudo isso, quando tinha vinte e poucos anos, um estado de descontentamento se apossou dele e o levou a uma ruptura completa com a sua condição mundana. A fonte do seu descontentamento está na lenda das Quatro Visões Passageiras, um dos mais celebrados chamados à aventura da literatura mundial. Quando Siddharta nasceu, diz a história, seu pai reuniu videntes para descobrir o que o futuro reservava para o seu herdeiro. Todos concordaram que ele era uma criança incomum. Seu destino, porém, era marcado por uma ambigüidade. Se ele continuasse no mundo, unificaria a Índia e se tornaria seu maior conquistador, um *Chakravartin* ("o que faz a roda girar"),[2] ou Rei Universal. Se, por outro lado, renunciasse ao mundo, não se tornaria seu conquistador, mas o redentor desse mundo. Frente a frente com essa opção, seu pai decidiu guiar o filho para o destino anterior. Nenhum esforço foi poupado para manter o príncipe ligado ao mundo. Três palácios e quarenta mil dançarinas foram colocados à sua disposição; ordens estritas foram dadas para que nada hediondo se intrometesse nos prazeres da corte. Especificamente, o príncipe deveria ser protegido de contatos com a doença, a decrepitude e a morte. Até mesmo quando ele saía para cavalgar, o caminho era desimpedido dessas visões.

Um dia, porém, um velho foi visto, ou (conforme outras versões) miraculosamente encarnado pelos deuses para passar a lição necessária: um homem decrépito, desdentado, grisalho, corcunda e de corpo alquebrado, trêmulo e apoiado num cajado. Naquele dia, Siddharta aprendeu a verdade da velhice. Apesar de o rei ter aumentado a guarda, num segundo passeio, Siddharta encontrou um corpo consumido pela doença, caído na beira da estrada, e numa terceira jornada, um cadáver. Finalmente, numa quarta ocasião, ele viu um monge de cabeça raspada, vestindo um manto ocre e trazendo a tigela de mendigo e naquele dia ele aprendeu sobre a vida de quem se retira do mundo em busca de liberdade. Essa história é uma lenda, mas, como todas as lendas, incorpora importante verdade, pois os ensinamentos do Buda mostram sem erro que foi o inevitável envolvimento do corpo com a doença, a decrepitude e a morte que o fez desesperar de encontrar realização no plano físico. "A vida é sujeita à velhice e à morte. Onde é o reino no qual não há nem velhice nem morte?"

Uma vez que ele percebeu a inevitabilidade da dor física e da morte, os prazeres carnais perderam seu encanto. A cantoria das dançarinas, a cadência de instrumentos de cordas e címbalos, as suntuosas festas e procissões, a elaborada celebração de festivais apenas caçoavam da sua mente meditativa. As flores murchando ao sol e a neve derretendo no Himalaia falavam ainda mais alto sobre a esvanecência das coisas materiais. Ele decidiu abrir mão da prisão de distrações na qual seu palácio tinha se transformado e seguir o chamado de quem busca a verdade. Numa noite, no vigésimo nono ano da sua vida, ele realizou a ruptura, sua Grande Saída. Indo de madrugada ao aposento onde sua esposa e seu filho dormiam, ele lhes deu um silencioso adeus e, então, mandou o porteiro selar seu grande cavalo branco. Os dois montaram e cavalgaram em direção à floresta. Chegando na sua orla quando o dia raiava, Gautama trocou de roupas com o criado, o qual voltou com o cavalo para dar a notícia.

— Diga a meu pai — disse Gautama,

que não há motivo para ele se entristecer. Ele talvez diga que eu parti cedo demais para a floresta. Mas se até mesmo a afeição me impedisse de deixar minha família agora mesmo por minha própria escolha, no momento devido, a morte nos separaria e não teríamos o que dizer sobre isso. Os pássaros vivem numa árvore por algum tempo e, então, seguem seus caminhos separados uma vez mais. O encontro de todos os seres vivos deve, do mesmo modo, findar com sua partida. Este mundo fenece e frustra as esperanças de uma ligação duradoura. Não é sábio, portanto, ter um sentido de posse das pessoas que estão unidas a nós como num sonho — por pouco tempo apenas e não de fato.[3]

Então, Gautama raspou a cabeça e, "vestindo farrapos", penetrou na floresta em busca de iluminação.

Seis anos se passaram, durante os quais ele concentrou todas as suas energias em alcançar esse fim. "Como é difícil ter a vida de um solitário habitante da floresta, alegrar-se na solidão. Na verdade, os bosques silenciosos são um pesado fardo sobre o monge que ainda não conquistou a estabilidade da mente!" As palavras trazem um acre testemunho de que sua busca não foi fácil. Ao que parece, ele passou por três fases, as quais não têm registro de duração, nem está claro até que ponto elas se dividem. Sua primeira ação foi procurar dois dos mais importantes mestres hindus da época e absorver a sabedoria da sua grande tradição. Aprendeu muito, especialmente sobre *raja yoga*, a yoga da meditação, mas também sobre filosofia hindu, tanto que os hindus o consideram um igual, sustentando que suas críticas à religião da época eram no sentido de reformá-la e são menos importantes do que os pontos que existem em comum. Com o tempo, porém, tendo dominado os mais profundos estados místicos que seus professores conheciam, concluiu que aqueles yogues não tinham nada mais para ensiná-lo.

Seu passo seguinte foi juntar-se a um grupo de ascetas e tentar viver honestamente de acordo com suas crenças. Será que seu corpo o estava prendendo? Ele quebraria seu poder e esmagaria sua interferência. Homem de enorme força de vontade, aquele que viria a ser o Buda superou seus companheiros em todas as austeridades que eles propunham viver. Comia tão pouco — seis grãos de arroz por dia, durante um dos seus jejuns — que "quando pensei que tocava meu estômago, eu, na verdade, tocava minha espinha". Costumava cerrar os dentes e pressionar a língua contra o palato até "o suor correr das minhas axilas". Prendia a respiração até que se sentisse "como se uma tira estivesse sendo torcida na sua cabeça".[4] No final, ficou tão fraco que caiu num desmaio profundo e, se não fosse por um pastor que ali passava com suas vacas ter parado e o alimentado com um pouco de mingau de arroz quente, ele certamente teria morrido.

Essa experiência o ensinou sobre a futilidade do asceticismo. Ele tinha dedicado a essa experiência um esforço maior que qualquer outro, e não funcionou, não lhe trouxe a iluminação. Mas experiências negativas trazem suas próprias lições, e, nesse caso, o fracasso do asceticismo deu a Gautama o primeiro esteio da sua doutrina: o princípio do Caminho do Meio entre os extremos do asceticismo, de um lado, e o comodismo, do outro. É o conceito da vida racionalizada, no qual ao corpo é dado aquilo de que ele precisa para funcionar de maneira ótima, mas não mais que isso.

A experiência lhe trouxe a lembrança de um dia, na sua juventude, quando, tendo penetrado no coração da região rural, sentou-se, quieto e só, debaixo de uma macieira. Os esforços de um fazendeiro lavrando um campo distante falavam da eternidade do trabalho necessário para arrancar o sustento da terra. A vagarosa e infindável passagem do sol pelo céu anunciava às inúmeras criaturas do ar, da terra e debaixo dela, que logo pereceriam. Enquanto refletia sobre a impermanência da vida, sua mente se abriu num estado de lúcida equanimidade. Estava agora calma e dócil, e a claridade da sua visão não estava prejudicada nem por exaltação, nem por tristeza. Foi sua primeira meditação profunda. Não um transe sobrenatural, mas uma visão clara e firme das coisas como elas realmente são. E mais, ele alcançou isso nas condições normais da vida, sem precisar sujeitar o corpo à fome.

Tendo virado as costas à mortificação, Gautama devotou então a fase final da sua busca a combinar o rigor do pensamento com a profunda concentração. Uma noite, perto de Gaya, no nordeste da Índia, ao sul da atual cidade de Patna, ele se sentou debaixo de uma figueira, que veio a ser conhecida como a Árvore Bo (abreviação de *bodhi*, "iluminação"). O local foi depois chamado de Ponto Imóvel, pois a tradição relata que o Buda, percebendo que uma ruptura estava próxima, sentou-se naquela noite que fez história e jurou que não se levantaria até que estivesse iluminado.

Os registros trazem, como primeiro evento da noite, uma cena de tentação semelhante à de Jesus na véspera do seu ministério. O Mal, percebendo que o sucesso do seu antagonista era iminente, correu ao local para perturbar sua concentração. Atacou primeiro como Kama, o Deus do Desejo, fazendo desfilar três mulheres voluptuosas com seu cortejo de tentações. Como aquele que viria a ser o Buda resistisse, a Tentação se transformou em Mara, o Senhor da Morte. Suas poderosas hordas assaltaram o aspirante com furacões, chuvas torrenciais e de meteoros, mas Gautama tinha se esvaziado tanto do seu eu finito que as armas não encontraram um alvo para acertar e se transformaram em pétalas de flores quando entraram no seu campo de concentração. Quando, desesperado, Mara desafiou seu direito de realizar aquilo que estava fazendo, Gautama tocou a terra com a ponta dos dedos da mão direita, ao que a terra respondeu "eu lhe dou testemunho", com cem, mil e cem mil rugidos trovejantes. O exército de Mara bateu em retirada, e os deuses do céu desceram das alturas em êxtase, com guirlandas e perfumes para velar o vitorioso.

A partir de então, enquanto a Árvore Bo fazia chover flores vermelhas naquela noite de lua cheia do mês de maio, a meditação de Gautama foi se aprofundando cada vez mais. Durante a primeira vigília da noite,[5] Gautama viu, uma a uma, suas milhares de vidas pregressas. Durante a segunda vigília, sua visão se alargou. Examinou a morte e o renascimento de todo o universo de seres vivos e observou a ubíqua oscilação da lei do *karma* — boas ações levam a uma encarnação feliz, ações más a uma encarnação miserável. Durante a terceira vigília, Gautama viu aquilo que fazia tudo se movimentar: a lei universal da interdependência causal. Ele chamou a isso de *ascensão dependente* e mais tarde o identificou como sendo o âmago da sua mensagem.[6] Assim armado, cortou as últimas amarras de ignorância que o prendiam à roda do nascimento e da morte.

Quando a estrela Dalva brilhou no transparente céu oriental, sua mente finalmente furou a bolha do universo, transformando-o em nada, apenas, maravilha das maravilhas, para o descobrir restaurado com o fulgor do verdadeiro ser. O Grande Despertar tinha acontecido. A liberdade era dele. Seu ser estava transformado, e ele emergiu como o Buda. Do centro da sua alegria veio uma canção de vitória espiritual:

> *Através de muitos nascimentos, andei por este mundo,*
> *Procurando em vão o construtor desta casa.*
> *Não realizar é nascer de novo e de novo nascer!*
> *Ó construtor da casa! Agora vejo você!*
> *Você não precisa construir mais casas para mim!*
> *Suas vigas estão quebradas,*
> *Sua viga-mestra, abalada.*
> *Minha mente está livre de todas as condições passadas,*
> *E não anseia mais pelo futuro.*[7]

O evento teve importância cósmica. Todas as coisas que haviam sido criadas encheram o ar da manhã com sua celebração e a terra tremeu seis vezes assombrada. Dez mil galáxias estremeceram surpresas, enquanto lótus floriam em todas as árvores, transformando todo o universo num "buquê de flores girando no ar".[8]

A bem-aventurança dessa extensa experiência manteve o Buda enraizado no local durante sete dias consecutivos. No oitavo dia ele se levantou, mas outra onda de bem-aventurança se quebrou sobre ele. Durante quarenta e nove dias ele ficou perdido em êxtase; depois, ele abriu "seus glorio-sos olhos" para o mundo.

Mara esperava por ele com mais uma tentação. Apelou, dessa vez, pa-ra aquilo que tinha sempre sido o ponto forte de Gautama, sua razão. Ma-ra não argüiu sobre o peso de entrar novamente no mundo com suas bana-lidades e obsessões. Colocou um desafio mais profundo. Quem poderia entender uma verdade tão profunda quanto aquela que ele, o Buda, tinha alcançado? Como revelações que desafiavam a fala podiam ser comprimi-das em palavras, ou visões que abalam definições serem aprisionadas num idioma? Em resumo, como mostrar aquilo que só se pode descobrir; ensi-nar o que só se pode aprender? Por que se importar em bancar o idiota dian-te de uma platéia que não entende? Por que não lavar as mãos para todo es-te mundo, acabar com sua relação com o corpo e ir de uma vez para o *nirvana*, o bem-aventurado estado de libertação do ciclo da morte e do re-nascimento? O argumento foi tão persuasivo que durou quase todo o dia. Mas, por fim, o Buda respondeu: "Haverá alguns cujos olhos estão apenas um pouco obscurecido pela poeira e eles compreenderão."

E assim Mara foi banido da sua vida para sempre.

Quase cem anos se passaram, durante os quais o Buda trilhou os ca-minhos empoeirados da Índia pregando sua mensagem que abala o ego e redime a vida, até seu cabelo ficar branco, seus passos trôpegos e a força do seu corpo nada além de um surdo rufar de tambor. Fundou uma ordem de monges e monjas — hoje a mais velha instituição histórica do nosso plane-ta —, desafiou a inércia da sociedade forjada pelos *brahmins* (a casta sacer-dotal hindu) dominantes e aceitou o ressentimento, o questionamento e a confusão que sua atitude provocava. Sua rotina diária era desconcertante. Além de treinar os monges e supervisionar os assuntos da sua ordem, ele mantinha um interminável programa de pregação pública e consultas em particular, aconselhando os perplexos, encorajando os fiéis e confortando os aflitos. "As pessoas vinham a ele de terras distantes, viajando através do país para lhe fazer perguntas, e ele dava boas-vindas a todos." Fundamen-tar sua resposta nessas pressões e possibilitar a si mesmo erguer-se sobre elas era o padrão de retirada e retorno, básico para toda criatividade. O Buda se retirou durante seis anos e então voltou por quarenta e cinco. Mas cada ano era dividido da mesma forma: nove meses no mundo, seguido de um retiro de três meses com seus monges durante a estação das chuvas. Seu ciclo diário também estava padronizado de acordo com esse modelo. Ficava muitas horas com o público, mas três vezes ao dia se retirava para direcionar sua atenção (por meio da meditação) à sua fonte sagrada.

Depois de um árduo ministério de quarenta e cinco anos, quando estava com 80, por volta de 483 a.C., o Buda morreu de disenteria após ter comido uma refeição de carne de javali seca, na casa de Cunda, o ferreiro. Mesmo no seu leito de morte, sua mente se fixou nos outros. Em meio à dor, ocorreu-lhe que Cunda podia se sentir responsável pela sua morte. Seu último pedido foi, então, que Cunda fosse informado que de todas as refeições que ele tinha feito durante sua longa vida, apenas duas se destacavam por tê-lo abençoado de forma excepcional. Uma tinha sido aquela que lhe dera forças para alcançar a iluminação debaixo da Árvore Bo, e a outra era aquela que estava abrindo os últimos portões do nirvana para ele. Ele reprovou gentilmente muitos que se aproximaram do seu leito de morte, incapazes de conter as lágrimas: "Na hora da alegria, não é apropriado se entristecer."

Essas são apenas duas das cenas que o *Livro da Grande Morte* preservou. Juntas, elas apresentam uma imagem do homem que passou para um estado no qual "as idéias e a consciência deixam de existir" sem a menor resistência. Duas sentenças do seu discurso de despedida ecoam ao longo das eras: "Todas as coisas combinadas se deterioram. Trabalhe com diligência na sua própria salvação."

2

~·~·~

O SÁBIO SILENCIOSO

Para entender o budismo, é da maior importância ter algum conhecimento sobre o impacto da vida de Buda naqueles que chegaram à sua órbita.

É impossível ler os relatos da sua vida sem deixar de se ter a impressão de que se está em contato com uma das maiores personalidades de todos os tempos. A óbvia veneração que quase todo mundo que o conhecia tinha por ele é contagiante, e o leitor é logo emparelhado com seus discípulos, no sentido de estar na presença de algo próximo da verdade encarnada.

Talvez a coisa mais tocante a seu respeito seja a combinação de uma mente fria com um coração quente, uma mistura que o protegia, de um lado, do sentimentalismo e, do outro, da indiferença. Ele foi sem dúvida um dos maiores racionalistas de todos os tempos, semelhante nesse aspecto a ninguém menos que Sócrates. Cada problema que aparecia em seu caminho era automaticamente sujeito a uma análise fria e desapaixonada. Primeiro, ele o dissecava nas partes que o compunham e depois as juntava novamente, numa ordem lógica, arquitetônica, com seu significado e importância desnudados. Era um mestre do diálogo e da dialética, calmamente confiante: "em disputa com qualquer um que pudesse me confundir e me constranger — não há possibilidade disso."

O fato admirável, porém, era a maneira como esse componente objetivo, crítico, do seu caráter era contrabalançado por uma suavidade franciscana tão grande a ponto de ter dado à sua mensagem o subtítulo de "religião da compaixão infinita". Se ele realmente arriscou a vida para livrar uma cabra que estava presa numa encosta à beira de um precipício ou não, é uma questão que pode ser historicamente incerta, mas a ação certamente estava no seu caráter, pois sua vida foi uma contínua dádiva às multidões famintas. De fato, a maneira como ele dava de si aos outros impressionou tanto seus biógrafos que eles puderam apenas explicar isso em termos de um ímpeto que adquiriu durante sua trajetória no estágio animal das suas encarnações. As *Lendas de Jataka*[1] mostram-no sacrificando-se pela sua manada, quando era um gamo, e se atirando no fogo, quando foi uma lebre, para alimentar um brâmane faminto. Podemos descartar esses relatos *post facto* tomando-os por lendas, mas não há dúvidas de que na sua vida como Buda as fontes de ternura jorravam abundantemente. Desejando retirar as flechas de tristeza de todos aqueles que encontrava, dava-lhes sua simpatia, sua iluminação e o estranho poder da alma, o qual, mesmo quando ele mal falava, agarrava o coração dos visitantes e os transformava.

Essa foi a experiência da jovem Kisa Gotami, que tinha encontrado no seu filho recém-nascido toda a alegria e realização da vida, até a criança morrer repentinamente. Enlouquecida pela dor do luto, ela continuou a carregar o filho no colo de casa em casa pedindo por um remédio que o curasse. Alguém se apiedou e a mandou até o Buda. "Ó exaltado, disse ela. Consiga um remédio para o meu filho!"

O Buda respondeu que ela tinha feito bem em vir até ele em busca de remédio. Disse a ela para voltar até a cidade e pegar um punhado de sementes de mostarda de cada casa onde ninguém tivesse morrido e trazer as sementes para ele. Aliviada porque um ritual mágico pela ressurreição do filho iria acontecer, ela partiu ansiosa. Uma exaustiva ronda, porém, não rendeu nem um único grão. Em todas as casas da cidade a resposta era sempre a mesma: "Ó, Gotami. Muitas pessoas morreram aqui!"

Finalmente, Kisa Gotami percebeu a natureza do remédio que o Buda tinha receitado. A dor insana do seu luto fora substituída pela gratidão à sabedoria compassiva do Buda, e ela levou seu filho ao crematório.

Nos encontros sociais, a educação que tivera como nobre colocava o Buda em posição de vantagem. "Bela presença", andava entre reis e potentados com facilidade, pois tinha sido um deles. Mas sua importância e sofisticação parecem não tê-lo distanciado dos simples aldeões. As distinções superficiais de classe e casta significavam tão pouco para ele que, quase sempre, parecia nem mesmo notá-las. Independentemente do quanto tinham sido marginalizadas ou rejeitadas pela sociedade, as pessoas recebiam do Buda um respeito que derivava do simples fato de que eram seres humanos semelhantes. Assim, muitos párias e marginais, ao viverem pela primeira vez a experiência de serem compreendidos e aceitos, descobriram seu respeito próprio e ganharam *status* na comunidade. "O venerável Gautama dá boas-vindas a todos; é agradável, conciliador, não é arrogante e é acessível a todos."[2]

Havia, de fato, uma incrível simplicidade nesse homem diante do qual os reis se ajoelhavam. Até mesmo quando sua reputação tinha alcançado o ponto culminante, ele costumava ser visto levando a tigela de mendigo na mão, caminhando pelas ruas e vielas com a paciência de quem conhece a ilusão do tempo. Como a vinha e a oliveira, duas das plantas mais simbólicas, que crescem em solos pobres, suas necessidades físicas eram mínimas. Uma vez em Alavi, durante as geadas de inverno, ele foi encontrado descansando em meditação sobre umas poucas folhas apanhadas numa trilha de gado. "Duro é o chão pisado pelos cascos do gado; fina a almofada; leve o manto amarelo do monge; afiado, o vento cortante do inverno", ele admitiu, "mas eu vivo feliz com sublime uniformidade."

Talvez não seja preciso falar do Buda como um homem modesto. John Hay, que foi secretário do presidente Lincoln, disse que era um absurdo classificar Lincoln de modesto, acrescentando que "nenhum grande homem é modesto". Certamente o Buda sentia que, no seu tempo, tinha se elevado a um plano de compreensão muito acima daquele que qualquer um estava. A esse respeito, ele simplesmente aceitava sua superioridade e vivia na autoconfiança que essa aceitação lhe conferia. Mas isso era diferente de vaidade ou presunção sem humor. Durante a assembléia final de um dos retiros anuais da sua *sangha* (comunidade), o Exaltado olhou em torno dos monges silenciosos e disse: "Bem, discípulos, eu os convido a dizer se descobrem qualquer falta em mim, seja em palavra ou em ato." E quando um discípulo predileto exclamou "tenho tanta fé, senhor, que acho que nunca houve, nem haverá, nem há agora ninguém maior ou mais sábio que o Abençoado", o Buda advertiu:

— *É claro, Sariputta, que você conheceu todos os Budas do passado.*

— *Não, senhor.*

— *Bem, então você conhece os do futuro?*

— *Não, senhor.*

— *Então, pelo menos, você me conhece e penetrou na minha mente minuciosamente?*

— *Nem mesmo isso, senhor.*

— *Então, por que, Sariputta, suas palavras são tão grandiosas e audaciosas?*

Não obstante sua objetividade consigo mesmo, havia constante pressão durante sua vida para transformá-lo num deus. Ele recusou categoricamente todas as tentativas, insistindo que era humano em todos os aspectos. Ele não tentava esconder suas tentações e fraquezas — o quanto tinha sido difícil conseguir a iluminação, o quanto era estreita a margem da sua vitória, o quanto ele ainda era falível. Confessou que se houvesse outro impulso tão poderoso quanto o sexo, ele nunca teria realizado o seu feito. Admitiu que os primeiros meses em que passou sozinho na floresta o deixaram à beira de um terror mortal. "Enquanto eu lá fiquei, um gamo se aproximou, um pássaro derrubou um galho, e o vento fez todas as folhas murmurarem; e eu pensava: 'agora está vindo — aquele medo e terror'." Conforme observa Paul Dahlke no seu *Buddhist Essays*, "alguém que fala dessa maneira não precisa enfeitiçar com esperanças de alegrias celestiais. Alguém que fala de si mesmo dessa maneira atrai pelo poder com o qual a Verdade atrai todos os que entram em seus domínios".

A liderança do Buda foi evidenciada não apenas pelo tamanho que sua ordem atingiu, mas também pela perfeição da sua disciplina. Um rei que visitava uma das suas assembléias, a qual se prolongou por toda uma noite de lua cheia, não se conteve e finalmente disse: "Você não está fazendo truques? Como pode não haver nenhum som, nenhum espirro, nenhuma tosse, numa assembléia tão grande, entre 1.250 irmãos?" E observando a assembléia, seus membros sentados tão silenciosos como um lago transparente, acrescentou:

"Oxalá meu filho tivesse essa calma."

Como outros gênios espirituais — pensa-se em Jesus vendo Zaqueu, um João-ninguém que tinha se empoleirado numa árvore para poder dar uma olhada em Jesus em meio à multidão que se comprimia, e em quem Jesus sentiu tanta sinceridade que o convidou a participar do seu círculo —, o Buda era dotado de intuição extraordinária sobre o caráter das pessoas. Era capaz de formar uma opinião das pessoas que se aproximavam dele quase que a primeira vista e parecia nunca ser enganado por fraude ou desfaçatez, mas costumava ir direto àquilo que era autêntico e genuíno. Um dos mais belos exemplos disso foi seu encontro com Sunita, o varredor de rua, um homem que estava tão baixo na escala social que o único emprego que tinha era procurar em buquês jogados fora alguma flor ocasional que pudesse ser trocada para acalmar sua fome. Quando, um dia, o Buda foi ao lugar onde ele buscava encontrar algo no meio do lixo, o coração de Sunita se encheu de respeito e alegria. Não tendo lugar para se esconder, uma vez que era um pária, ele ficou como se estivesse pregado na parede, saudando com as mãos unidas. O Buda "marcou a condição de arhat (santidade) no coração de Sunita, brilhando como uma luz dentro de um vaso" e se aproximou dizendo: "Sunita, o que é para você esse modo miserável de vida? Você é capaz de deixar o mundo?" Sunita, "experimentando o êxtase de alguém que foi ungido com ambrósia", disse: "Se eu puder ser um monge da sua ordem, que o Exaltado possa me fazer crescer pela dor!" Ele se tornou um renomado monge da ordem.[3]

Toda a vida do Buda foi impregnada pela convicção de que ele tinha uma missão cósmica para executar. Imediatamente depois da sua iluminação ele viu no olho da sua mente "almas cujos olhos eram pouco ofuscados pela poeira e almas cujos olhos era dolorosamente ofuscados pela poeira"[4] — toda a humanidade alquebrada, perdida, precisando desesperadamente de ajuda e orientação. Não teve alternativa, a não ser concordar com seus seguidores que ele tinha "vindo ao mundo para o bem de muitos, para a felicidade de muitos, para vantagem, bem e felicidade de deuses e homens, por compaixão pelo mundo".[5]

A aceitação da sua missão sem preocupação com o custo pessoal conquistou o coração da Índia, tanto quanto sua mente. "O monge Gautama abraçou a vida religiosa desistindo do grande clã dos seus parentes, desistindo de muito dinheiro e ouro, de tesouros enterrados e acima da terra. Quando ainda era jovem, sem cabelos grisalhos na cabeça, durante a beleza da sua juventude, ele deixou a vida do seu lar para viver a vida do sem-teto."[6]

Louvores ao Buda enchem os textos. Um dos motivos é, sem dúvida, que nenhuma descrição jamais satisfez seus discípulos totalmente. Depois que as palavras tinham feito o seu melhor, ainda ficava no mestre a essência do mistério — profundidades desconhecidas que sua linguagem não podia expressar porque o pensamento não as conseguia sondar. Reverenciavam e amavam aquilo que entendiam, mas havia mais do que podiam esperar absorver. Até o fim ele permaneceu meio luz, meio sombra, desafiando totalmente a inteligibilidade. Por causa disso, ele foi chamado de Sakyamuni, "sábio silencioso (*muni*) do clã Sakya", um símbolo de algo que estava além do pensamento e daquilo que podia ser dito. E foi chamado de *Tathagata*, aquele que "Assim foi",[7] o "Conquistador da Verdade", o "Perfeitamente Iluminado", pois "só ele conhece e vê minuciosamente, frente a frente, este universo". "Profundo é Tathagata, imensurável, difícil de se compreender, como o oceano."[8]

3

~~~~

O SANTO REBELDE

Ao passarmos do Buda, o homem, para o budismo, a religião, é imperativo que a última seja vista contra o pano de fundo do hinduísmo do qual surgiu. Ao contrário do hinduísmo, que emergiu lentamente por meio de acréscimos espirituais quase imperceptíveis, a religião do Buda apareceu da noite para o dia, totalmente pronta. Em larga escala, é uma religião de reação contra as perversões hindus — um protestantismo indiano não apenas no sentido original da palavra, que enfatizava o testemunho de algo (latim: *testis pro*), mas igualmente nas suas conotações posteriores, que enfatizavam o protesto contra algo. O budismo deriva seu sangue vital do hinduísmo, mas contra as suas corrupções prevalecentes o budismo recua como um chicote e contra-ataca — ferozmente.

Para compreender os ensinamentos do Buda, devemos, então, criar um retrato mínimo do hinduísmo existente e que em parte o gerou. E para termos isso, algumas observações sobre religião devem estar em ordem.

Seis aspectos religiosos emergem com tanta regularidade que sugerem que suas sementes fazem parte da constituição humana. Uma delas é *autoridade*. Deixando-se a autoridade divina de lado e abordando o tema apenas em termos humanos, a questão começa com especialização. A religião não é menos complicada que o governo ou a medicina. Ela propõe, portanto, que talento e atenção constante levantarão algumas pessoas acima da média em termos espirituais; seus avisos serão buscados e seus conselhos, quase sempre seguidos. Além disso, o lado institucional, organizado, da religião exige corpos administrativos e pessoas que ocupem posições de autoridade, cujas decisões têm peso.

Uma segunda característica normal da religião é o *ritual*, que foi, na verdade, o berço da religião, pois os antropólogos nos dizem que as pessoas expressavam sua religião por meio da dança antes de expressá-la racionalmente. A religião surgiu da celebração e do seu oposto, a aflição, ambos clamando por expressão coletiva. Quando somos esmagados pela perda, ou quando estamos exultantes, não queremos estar apenas com pessoas; desejamos interagir com elas de modo que essas interações se tornem mais do que a soma das suas partes — isso alivia nosso isolamento. Esse movimento não é limitado apenas à espécie humana. No norte da Tailândia, quando o sol nascente toca as copas das árvores, famílias de gibões cantam em uníssono escalas descendentes de meio-tons enquanto, mão ante mão, voam através dos galhos mais altos.

A religião pode começar com o ritual, mas logo as explicações se fazem necessárias e, assim, a *especulação* aparece como terceira característica da religião. De onde viemos, para onde iremos, por que estamos aqui? As pessoas querem respostas para essas perguntas.

Uma quarta constante na religião é a *tradição*. Nos seres humanos, é a tradição em vez do instinto que conserva o que as gerações passadas aprenderam e legaram ao presente como modelos de ação.

Uma quinta característica típica da religião é *graça*, a crença — quase sempre difícil de se sustentar em face dos fatos — de que a Realidade está, em última análise, do nosso lado. Em última instância o universo é amigável; sentimo-nos em casa nele. "A religião diz que as melhores coisas são as mais eternas, as coisas no universo que atiram a última pedra, por assim dizer, e dão a palavra final."[1]

Finalmente, a religião transita por meio do *mistério*. Sendo finita, a mente humana não pode mensurar o infinito ao qual está ligada.

Cada uma dessas seis coisas — autoridade, ritual, especulação, tradição, graça e mistério — contribui de forma vital para a religião, mas cada uma delas pode barrar sua função. No hinduísmo dos tempos de Buda, elas tinham feito isso, todas as seis. A autoridade, garantida no início, tinha se tornado hereditária, exploratória, uma vez que os brâmanes valorizavam seus segredos religiosos e cobravam somas exorbitantes pela sua administração. Os rituais se tornaram meios mecânicos de se obter resultados miraculosos. A especulação perdera sua base experimental e involuiu para elucubrações sem sentido. A tradição se tornara um peso morto, especificamente insistindo que o sânscrito — não mais compreendido pelas massas — continuava como a língua do discurso religioso. A graça de Deus estava sendo mal-interpretada de forma a diminuir a responsabilidade humana, se é que a responsabilidade ainda fazia algum sentido, e o karma, também mal-interpretado, era confundido com fatalismo. Finalmente, o mistério era confundido com comércio do sobrenatural e mistificação — obsessão perversa por milagres, pelo oculto e pelo fantástico.

Nessa cena religiosa — corrupta, degenerada e irrelevante, cheia de superstição e sobrecarregada de rituais desgastados — surgiu o Buda, determinado a abrir terreno para que a verdade encontrasse vida nova. A conseqüência foi surpreendente. O que surgiu foi (no começo) uma religião quase totalmente livre dos componentes mencionados antes, sem os quais nós suporíamos que uma religião não poderia se enraizar. Esse fato é tão surpreendente que justifica análise.

1. O Buda pregou uma religião destituída de autoridade. Seu ataque à autoridade tinha duas frentes. De um lado, ele queria tirar o monopólio dos ensinamentos religiosos das garras dos brâmanes, e boa parte da sua reforma consistia em nada mais que tornar acessível aquilo de que até então poucos dispunham. Contrastando sua própria abertura com o sigilo da casta dos brâmanes, mostrou que "o Buda não guarda nada para ele". Ele considerava essa diferença tão importante que voltou a abordá-la no seu leito de morte, assegurando àqueles ao seu redor: "Não guardei nenhum segredo."[2]

Mas se o seu primeiro ataque à autoridade foi dirigido a uma instituição — a classe brâmane —, o segundo foi dirigido às pessoas. Numa época em que as multidões confiavam passivamente nos brâmanes para saber o que tinham de fazer, Buda desafiou todos a empreender sua própria busca religiosa e investigação racional. "Não se fie no que foi conseguido por meio daquilo que se ouve repetidamente; nem por meio da tradição; nem por boato; nem por aquilo que está nas escrituras; nem por meio da consideração: 'O monge é nosso mestre.'"[3] Em vez disso, disse ele, experimente com idéias e ações do seu próprio laboratório de bom senso: quando souber que alguma coisa resultará em dano ou mal, abandone-a. Quando souber que trará benefícios e felicidade, adote-a. Autoconfiança é a chave: "Sejam lâmpadas para vocês mesmos. Aqueles que, agora ou depois da minha morte, confiarem apenas em si mesmos e não buscarem ajuda de ninguém exceto de si mesmos, alcançarão o mais elevado cume."[4]

2. Buda pregou uma religião destituída de ritual. Repetidamente ele ridicularizou o palavrório sem sentido dos ritos brâmanes considerando-os petições supersticiosas a deuses ineficientes. "Tentar conseguir a paz por meio de outros, como sacerdotes e sacrificantes, é a mesma coisa que atirar uma pedra na água profunda, e o povo se ajoelhasse, orando e implorando com as mãos unidas, em volta do lago dizendo: 'Ó pedra, erga-se! Venha até a superfície, ó pedra!', mas a pedra continua no fundo."[5]

Rituais eram armadilhas — irrelevantes para o árduo e exigente trabalho de redução do ego. De fato, eram mais do que irrelevantes. O Buda argüia que a "crença na eficácia de rituais e cerimônias" é um dos Dez Grilhões[6] que prendem o espírito humano. Aqui, como aparentemente em tudo, o Buda era consistente. Descartando formas do hinduísmo, ele resistiu a todas as tentações de instituir novas formas próprias, fato que levou alguns escritores a (erroneamente) caracterizar seus ensinamentos como racionalismo moral, em vez de religião.

3. O Buda pregou uma religião que evitava especulação. Há muitas evidências de que ele poderia ter sido um dos maiores metafísicos do mundo, se tivesse se concentrado nessa tarefa. Em vez disso, ele evitava "o bosque da teoria". Seu silêncio a esse respeito não passou despercebido. "Se o mundo é eterno ou não, se o mundo é finito ou não, se a alma é uma coisa e o corpo outra, se o Buda continua a existir após a morte ou não, essas coisas", observou um dos seus discípulos, "o senhor não as explica para mim. E como não as explica, isso não me agrada e não me é adequado."[7] Havia muitos para quem isso não era adequado. Mas apesar das incessantes aguilhoadas, ele mantinha seu "nobre silêncio". Seu motivo era simples. Em assuntos dessa natureza, "a cobiça por visões tende a não ser edifican-

te".[8] Seu programa prático era rigoroso, e ele não iria deixar que seus discípulos fossem desviados da árdua estrada da prática e levados ao campo da especulação infrutífera. Sua famosa parábola da flecha densamente impregnada com veneno explica isso com precisão:

É como se fosse um homem ferido por uma flecha densamente impregnada com veneno, e seus amigos e parentes fossem buscar um cirurgião para curá-lo, e ele dissesse que não queria que a flecha fosse retirada até que ele soubesse quem o tinha ferido; se era da casta dos guerreiros, ou um brâmane, ou alguém da casta dos agricultores ou da mais baixa casta. Ou como se retrucasse que não permitiria que lhe tirassem a flecha até que soubesse o nome da família à qual o homem pertencia; ou ainda se era alto, baixo, ou de altura mediana; ou se era negro, moreno ou de tez amarela; ou se ele era de tal e tal aldeia, vila ou cidade; ou até saber se o arco que o tinha ferido era um chapa *ou um* kodanda, *ou até descobrir se a corda do arco era de celidônia, ou de fibra de bambu, ou de tendão, ou de cânhamo, ou da árvore de seiva, ou até saber se a flecha era de uma planta selvagem ou cultivada, ou se as suas penas eram das asas de um abutre, de uma garça, de um falcão, ou de um pavão; ou ainda se estavam amarradas com o tendão de um boi, ou de um búfalo, ou de um veado, ou de um macaco; ou até descobrir se era uma flecha comum, ou uma flecha-navalha, ou uma flecha de ferro, ou de dente de bezerro. Antes de saber tudo isso, realmente, o homem teria morrido.*

De maneira semelhante, não é da crença de que o mundo é eterno, finito, de que o corpo e a alma são distintos, ou de que o Buda continua a existir depois da morte, que a vida religiosa depende. Se essas crenças, ou seus opostos, são tidas como verdadeiras, continuará a haver reencarnações, velhice, morte, dor, lamento, sofrimento, tristeza e desespero (...) Eu não falei sobre essas crenças porque elas não levam à ausência da paixão, ou à tranqüilidade e ao Nirvana.

E o que expliquei? Sofrendo, expliquei a causa do sofrimento e o caminho que leva à destruição do sofrimento, pois isso é útil.[9]

4. O Buda pregou uma religião destituída de tradição. Ele se colocava acima do passado e nesse pico tinha sua visão amplamente alargada, mas via seus contemporâneos em grande parte enterrados debaixo desse pico. Ele encorajava, portanto, seus seguidores a se livrarem do peso do passado. "Não se fiem no que lhes foi dito, nem na autoridade dos seus ensinamentos tradicionais. Quando vocês mesmos disserem, 'esses ensinamentos não são bons; quando seguidos e postos em prática, levam à perda e ao sofrimento', então os rejeitem."[10] Seu rompimento pessoal mais importante com o arcaico foi a decisão — comparável à de Martinho Lutero de traduzir a Bíblia para o alemão — de abandonar o sânscrito e ensinar no vernáculo do povo.

5. O Buda pregou uma religião de intenso esforço pessoal. Nós observamos o desânimo e a derrota que tinham se estabelecido na Índia da época do Buda. Muitos vieram a aceitar o ciclo de nascimento e renascimento como infindável, o que equivalia a se resignar a uma sentença de trabalho pesado por toda a eternidade. Aqueles que ainda se prendiam à esperança de uma libertação final tinham aceitado os ensinamentos dos brâmanes de que o processo levaria milhares de vidas, durante as quais eles iriam gradualmente conseguir fazer parte da casta brâmane, a única da qual a libertação era possível.

O Buda achava que não havia nada mais pernicioso do que esse fatalismo prevalecente. Ele negava apenas uma afirmação, aquela dos "tolos" que dizem que não há ação, não há feito ou poder. "Aqui está o caminho para o fim do sofrimento. Siga-o!" Além do mais, cada indivíduo deve trilhar seu caminho por si mesmo, por meio de auto-estímulo e iniciativa.[11] Não se podia contar com nenhum deus ou deuses, nem mesmo com o próprio Buda. "Quando eu tiver partido", disse ele aos seus seguidores, "não se preocupem em rezar por mim, pois quando eu tiver ido, terei partido de fato. Os Budas apenas mostram o caminho. Trabalhe na sua salvação com diligência."[12] O Buda considerava ridícula a noção de que apenas os brâmanes podiam atingir a iluminação. "Seja qual for sua casta", disse aos seus seguidores, "vocês podem se iluminar nesta própria vida." "Que pessoas inteligentes venham até a mim, honestas e sinceras; eu as instruirei, e, se fizerem conforme forem ensinadas, elas virão a conhecer por si mesmas e perceberão essa religião e o objetivo supremo."

6. O Buda pregou uma religião destituída de sobrenatural. Condenou todas as formas de adivinhação, vaticínio e previsões como artes inferiores e, embora tenha concluído por sua própria experiência que a mente humana é capaz de poderes que hoje são tidos como paranormais, ele se recusou a permitir que seus monges brincassem com esses poderes. "Dessa maneira vocês saberão que um homem *não* é meu discípulo: quando ele tentar fazer um milagre." Toda a atração pelo sobrenatural e a confiança nele se resumiam, pensava, em busca por atalhos, respostas fáceis e soluções simples que podiam apenas desviar a atenção da tarefa árdua e prática do avanço por si mesmo. "É por perceber perigo na prática de maravilhas místicas que eu as desencorajo tão veementemente."

Se a religião do Buda — com sua crítica à autoridade, ao ritual, à teologia especulativa, à tradição, à confiança na ajuda divina e ao sobrenatural — era uma religião sem Deus, isso será reservado para consideração posterior. Depois da sua morte, todos os elementos contra os quais o Buda trabalhou para proteger sua religião foram incorporados, mas, enquanto viveu, ele os manteve longe. Como conseqüência, o budismo original nos apresenta a versão de uma religião que era única e, portanto, historicamente valiosa, pois cada lampejo intuitivo sobre as formas que uma religião pode tomar aumenta nossa compreensão do que a religião realmente é em essência. O budismo original pode ser caracterizado positivamente conforme a seguir:

1. Era empírico. Nunca uma religião apresentou seu argumento com um apelo tão inequívoco à validação direta. Em cada pergunta, a experiência pessoal era o teste final da verdade. "Não racionalize, nem infira, nem argumente."[13] Um discípulo verdadeiro deve "saber por si mesmo".

2. Era científico. Ele não apenas fez com que a qualidade da vida fosse o teste final, mas também voltou sua atenção à descoberta das relações de causa e de efeito que afetavam essa experiência. Não há efeito sem causa, nem seres sobrenaturais que interrompem os processos causais básicos do mundo. O próprio Buda considerava que sua grande contribuição tinha sido a descoberta da *lei da causa* — ascensão dependente — cuja versão resumida reza "que estando presente, ela se manifesta; não estando presente, não se manifesta".[14]

3. Era pragmático — um pragmatismo transcendental, se quiserem, para distingui-lo do tipo que enfoca exclusivamente problemas práticos da vida cotidiana, mas do mesmo modo pragmático no envolvimento com a solução do problema. Recusando se deixar levar por questões especulativas, o Buda manteve sua atenção cravada em situações difíceis que exigiam solução. A não ser que seus ensinamentos fossem instrumentos úteis, não tinham qualquer valor. Ele os comparou a balsas; ajudam as pessoas a cruzarem rios, mas não têm mais valor quando a outra margem é atingida.

4. Era terapêutico. As palavras de Pasteur, "eu não pergunto quais são suas opiniões ou qual é sua religião, apenas qual é o seu sofrimento", poderiam muito bem ser do Buda. "Uma coisa eu ensino", disse ele, "o sofrimento e o fim do sofrimento. É apenas o Mal e o fim do Mal que eu proclamo."[15]

5. Era psicológico. A palavra é aqui usada em contraste a "metafísico". Em vez de começar com o universo e passar ao lugar dos seres humanos dentro dele, o Buda invariavelmente começava com o ser humano, seus problemas e as maneiras de se lidar com eles.

6. Era igualitário. Com uma amplitude de visão sem paralelo no seu tempo e que nunca ocorreu em qualquer era, ele insistiu que as mulheres eram tão capazes de atingir a iluminação quanto os homens. Além disso, rejeitava a afirmação do sistema de castas de que as atitudes eram hereditárias. Nascido um *kshatriya* (guerreiro, governante), mas descobrindo-se com o temperamento de um brâmane, ele rompeu com sua casta e abriu sua ordem a todos, independentemente de *status* social.

7. Era dirigido a indivíduos. O Buda não era cego ao lado social da natureza humana. Ele não só fundou uma comunidade religiosa (sangha), a qual ele esperava que se tornasse o núcleo de uma sociedade iluminada,[16] como insistiu na importância de se ter "amigos espirituais" para reforçar decisões individuais: "A amizade nobre é tudo na Vida Santa."[17] Mas, no final, seu apelo foi ao indivíduo; que cada qual procedesse em direção à iluminação confrontando sua situação e predicados individuais. "Portanto, ó Ananda, sejam lâmpadas para vocês mesmos. Não se deixem levar por refúgios externos. Agarre-se na Verdade como refúgio. Trabalhem com diligência na sua própria salvação."[18]

4

AS QUATRO NOBRES VERDADES

Quando o Buda finalmente conseguiu romper o encantamento do êxtase que o enraizara no Ponto Imóvel durante os quarenta e nove dias da sua iluminação, ele se ergueu e começou a andar os mais de cento e sessenta quilômetros até a cidade santa de Benares, na Índia. Quando estava a dez quilômetros dessa cidade, num parque de gamos em Sarnath, ele parou para pregar seu primeiro sermão, "Colocando em Movimento a Roda do Dharma".[1] A congregação era pequena, apenas cinco ascetas que tinham compartilhado com ele árduas austeridades e que tinham cortado relações, bravos com ele, quando ele renunciou a esse método. Mas agora eles se tornavam seus primeiros discípulos. O tema era as Quatro Nobres Verdades. Seu primeiro discurso formal depois do despertar foi uma declaração das descobertas-chave que ele tinha intuído durante o clímax da sua busca de seis anos.

Se fossem solicitados a expor, em forma de proposição, suas quatro mais ponderadas convicções sobre a vida, muitos gaguejariam. As Quatro Nobres Verdades são a resposta a essa solicitação. Juntas, são o axioma do seu sistema, os postulados dos quais o resto dos seus ensinamentos deriva de forma lógica.

A Primeira Nobre Verdade é que a vida é *dukkha*, normalmente traduzido como "sofrimento". Embora longe do seu amplo sentido, sofrimento é uma parte importante desse significado e deve ser destacado antes de se prosseguir com outras conotações.

Contrária à visão dos primeiros intérpretes ocidentais, a filosofia do Buda não era pessimista. Um relato do cenário humano pode ser tão soturno quanto se desejar. A questão do pessimismo não surge até que nos dizem que as coisas podem ser melhoradas. Como o Buda estava certo disso, sua visão cabe dentro da afirmação de Heinrich Zimmer de que "tudo no pensamento indiano sustenta a idéia básica de que, fundamentalmente, tudo está bem. Um otimismo supremo prevalece em todas as partes". Mas o Buda viu claramente que a vida, conforme experimentada de maneira típica, é frustrante e insegura.

Ele não tinha dúvidas de que é possível viver bem e que isso é bom, mas duas questões se impõem. Primeiro, o quanto uma vida assim traz satisfação? E, segundo, em qual nível do nosso ser essa satisfação tem seguimento? O Buda acreditava que esse nível era superficial, talvez suficiente para animais, mas que deixavam as regiões profundas da psique humana vazias e insatisfeitas. Nesse sentido, até mesmo o prazer é uma dor enfeitada. "A mais doce alegria não é nada além de dor disfarçada", escreveu William Drummond, enquanto Shelley fala "daquela inquietação que os homens erroneamente chamam de deleite". Debaixo da fascinação do néon há escuridão. No centro — não da realidade, mas da vida humana não-regenerada — está o "desespero silencioso" que Thoreau via no dia-a-dia de muitas pessoas. É por isso que buscamos distrações, pois elas nos desviam daquilo que está debaixo da superfície. Alguns conseguem se distrair por longos períodos, mas a escuridão não é atenuada.

Veja! Igual ao vento também é a vida mortal:
Um gemido, um suspiro, um soluço, uma tempestade, uma luta.[2]

A extensão com que pensadores de todos os tipos compartilham dessa estimativa de vida sugere que ela foi movida mais pelo realismo que pela morbidez. Os existencialistas descrevem a vida como uma "paixão inútil", "absurda", "demais *(de trop)*". Bertrand Russell, um humanista científico, achava difícil entender por que as pessoas receberam negativamente a notícia de que o universo está se desmantelando, pois "não vejo como um processo desagradável pode ser transformado em algo menos desagradável (por meio da) sua repetição indefinida". A poesia, sempre um barômetro sensível, fala da "penosa confusão da vida" e da "vagarosa contração que o tempo causa no mais esperançoso coração". O Buda nunca foi além do que escreveu Robert Penn Warren:

Ó, é real. A única coisa real:
A dor. Então, vamos dar nome à verdade, como fazem os homens.
Nascemos para a alegria de que a alegria vire dor.
Nascemos para esperar que a esperança vire dor.
Nascemos para amar até que o amor vire dor.
Nascemos para a dor de que a dor vire mais
Dor e, desse inexaurível fluxo,
Para darmos aos outros a dor como nossa primeira definição.[3]

Até mesmo Albert Schweitzer, que considerava a Índia pessimista, fez eco à avaliação do Buda quase literalmente, quando escreveu "apenas em raros momentos, senti-me realmente feliz por estar vivo. Não podia deixar de sentir uma simpatia cheia de remorso pela dor que via ao meu redor, não apenas a dos homens, mas a de toda a criação".

Dhukka, portanto, dá nome à dor que até certo ponto pinta toda a existência finita. As implicações construtivas do mundo vêm à luz quando descobrimos que a palavra era usada em pali com o significado de rodas cujos eixos estavam fora dos centros, ou de ossos que foram tirados dos seus encaixes. (Uma metáfora moderna poderia ser um carrinho de compras que tentamos empurrar do lado contrário.) O sentido exato da Primeira Nobre Verdade é o seguinte: a vida (na condição em que se colocou) está deslocada. Algo deu errado. Está fora de centro. Como seu pivô não é real, a fricção (conflito interpessoal) é excessiva, o movimento (criatividade) está bloqueado e há dor.

Tendo uma mente analítica, o Buda não se contentou em generalizar sua Primeira Verdade dessa forma. Ele mostrou seis momentos em que o deslocamento da vida se torna claramente evidente. Ricos e pobres, medíocres ou bem-dotados, todos os seres humanos experimentam:

1. O trauma do nascimento. Os psicólogos consideraram esse ponto muito importante. Embora Freud negasse que o trauma do nascimento fosse a fonte de toda a ansiedade posterior, até o final ele o considerou o protótipo da ansiedade. A experiência do nascimento "envolve uma concatenação de sentimentos dolorosos, de descargas, de excitação e de sensações físicas que acabou se tornando um protótipo para todas as ocasiões nas quais a vida está ameaçada, para sempre reproduzir em nós o terror das condições de 'ansiedade'".[4]

2. A patologia da doença. Todos os corpos adoecem, com maior ou menor freqüência, de forma mais ou menos graves, mais cedo ou mais tarde.

3. A morbidez da decrepitude. Nos nossos primeiros anos, a plena vitalidade física se une à novidade da existência de retribuir a vida quase que automaticamente com bondade. Nos anos finais, chegam os medos: medo da dependência financeira, medo de não ser amado nem desejado, medo de doença e da dor, medo de se tornar fisicamente repulsivo e dependente dos outros, medo de ver sua vida como um fracasso.

4. A fobia da morte. Com base nos anos de prática clínica, Carl Jung relatou ter descoberto que a morte é o maior terror de todos os pacientes com mais de 40 anos que ele analisou. Os existencialistas se unem a ele ao chamar a atenção para o grau em que o medo da morte macula a vida sadia.

5. Estar preso àquilo de que não se gosta. Às vezes pode-se romper com isso, mas nem sempre. Uma doença incurável, um persistente defeito de caráter — para o melhor ou o pior, há sempre martírios aos quais as pessoas estão presas por toda a vida.

6. Estar separado daquilo que se ama.

Ninguém nega que o sapato da vida aperta nesses seis lugares. A Primeira Nobre Verdade os une com duas conclusões, com efeito, duas dimensões mais profundas, mais penetrantes, do dukkha. Primeiro, mesmo que se *consiga* aquilo que se ama, o deleite não perdura. Todo prazer fenece, deixando a sede pela sua renovação na sua esteira. Em resumo, *tudo* — dos mais simples prazeres aos maiores êxtases — está sujeito à lei universal da *impermanência* (em sânscrito, *anitya;* em pali, *anicca*). Sempre que o coração humano anseia por satisfação duradoura, a impermanência assegura a presença do dukkha.

Segundo, não é apenas o mundo da experiência que apreendemos que é impermanente. Nós, os que apreendem, também somos. O Buda ensinava que aquilo que nós normalmente pensamos como nosso "eu" é, de fato, um produto em constante mutação dos cinco componentes co-condicionantes (*skandhas*), isto é, o corpo, as sensações, as percepções, as tendências de disposição e a consciência. Por estarem *eles próprios* tentando instintivamente, mas de forma ignorante, agarrar-se a um centro, a um "eu" que não está lá,[5] não são satisfeitos. "Os cinco grupos de apego são dukkha", diz o Buda.[6] O problema não pode simplesmente ser aprofundado. Os seres humanos são pegos num rodamoinho de energias que pouco entendem e, até que essa ignorância seja superada, a verdadeira alegria é frustrada.

Para que a ferida seja curada, precisamos conhecer sua causa, e a Segunda Nobre Verdade a identifica. A causa do deslocamento da vida é *tanha*. Mais uma vez, a imprecisão da tradução — até certo ponto, todas são imprecisas — faz com que seja sábio permanecermos próximos do sentido da original palavra. Tanha é normalmente traduzido como "desejo". Há algo verdadeiro nisso, mas se tentarmos fazer com que "desejo" seja o equivalente de tanha, então teremos dificuldades. Para começar, a equivalência tornaria a Segunda Verdade inútil, pois acabar com os desejos, todos os desejos, no nosso estado presente, seria a morte, e morrer não resolveria o problema da vida. Mais que inútil, porém, a afirmação de equivalência seria totalmente errada, pois há alguns desejos que o Buda advogava explicitamente, o desejo pela libertação, por exemplo, ou pela felicidade dos outros.

Tanha é um tipo específico de desejo, o desejo de realização pessoal. Quando somos altruístas, somos livres, mas essa é exatamente a dificuldade — manter esse estado. Tanha é a força que o rompe, nos trazendo de volta da liberdade total para buscar realização para nosso próprio ego, que verte como uma ferida secreta. Tanha consiste de todas

aquelas inclinações que tendem a continuar ou aumentar a separação, a existência separada do objeto do desejo; de fato, todas as formas de egoísmo, a essência do qual é a realização do próprio desejo à custa, se neces-

sário, dos outros. Sendo a vida única, tudo o que tende a separar um aspecto do outro causa sofrimento à unidade que, quase sempre inconscientemente, trabalha contra essa Lei. Nossa tarefa para com nossos semelhantes é compreendê-los como extensões de nós mesmos — facetas semelhantes da mesma realidade.[7]

Isso é um pouco diferente da maneira como as pessoas normalmente vêem seus vizinhos. A perspectiva comum humana está a meio caminho da descrição de Ibsen de um hospício, no qual "cada qual se tranca no tonel do eu, o tonel é fechado com a tampa do eu e curtido no poço do eu".

Quando recebemos uma fotografia de grupo, qual é o rosto que primeiro procuramos? É um pequeno sintoma, mas que diz muito sobre o câncer que nos devora e nos causa dor. Onde está o homem que se preocupa com que ninguém tenha fome tanto quanto se preocupa em alimentar seus próprios filhos? Onde está a mulher que se preocupa tanto com a elevação do padrão de vida para todo o mundo tanto quanto com o aumento do próprio salário? Aqui, diz o Buda, é onde está o problema. É por isso que sofremos. Em vez de unir nossa fé, nosso amor e nosso destino ao todo, persistimos em amarrá-los nos jumentos franzinos do nosso eu separado, que certamente tropeçarão e finalmente se esgotarão. Mimando nossa identidade individual, trancamo-nos dentro do "nosso ego encapsulado dentro da nossa pele" (Alan Watts) e buscamos realização por meio da sua intensificação e expansão. Tolos ao supor que o aprisionamento pode trazer a liberdade! Será que não podemos ver que *"é o eu que nos faz sofrer"*? Longe de ser uma porta para a vida abundante, o ego é uma hérnia estrangulada. Quanto mais incha, mais aperta a livre circulação da qual a vida depende e mais dor causa.

A Terceira Nobre Verdade segue de forma lógica a Segunda. Se a causa do deslocamento da vida é o anseio egoísta, ele cessa quando esse anseio é superado. Se pudéssemos nos libertar dos estreitos limites do interesse por nós mesmos e nos concentrássemos na vasta expansão da vida universal, seríamos libertados do nosso tormento.

A Quarta Nobre Verdade prescreve como a cura pode ser realizada. A maneira de se superar tanha, a trilha para fora do cativeiro, é por meio do Caminho Óctuplo.

5

~~~

O CAMINHO ÓCTUPLO

A maneira como o Buda abordou o problema da vida com as Quatro Nobres Verdades foi essencialmente igual à de um médico. Ele começou examinando cuidadosamente os sintomas que causam preocupação. Se tudo andasse bem, tão bem a ponto de que percebêssemos a nós mesmos tão pouco quanto normalmente percebemos nossa digestão, não haveria nada com que se importar e não precisaríamos nos preocupar mais com nossa forma de vida. Mas não é o caso. Há menos criatividade, mais conflito e dor do que pensamos ser necessário. Esses sintomas foram sintetizados na Primeira Nobre Verdade com a afirmação de que a vida é dukkha, ou fora de eixo. O passo seguinte era o diagnóstico.

Jogando ritos e crenças para o alto, ele perguntou, de maneira prática, o que causava esses sintomas anormais. Onde é o foco da infecção? O que está sempre presente quando o sofrimento está presente e ausente quando o sofrimento está ausente? A resposta foi dada na Segunda Nobre Verdade: a causa do deslocamento da vida é tanha, o impulso da realização pessoal. Qual seria, então, o prognóstico? A Terceira Nobre Verdade traz esperança: a doença pode ser curada por meio da superação do impulso egoísta pela existência separada. Isso nos traz a prescrição. Como isso pode ser conseguido? A Quarta Nobre Verdade nos dá a resposta: a maneira de se superar a busca pela satisfação do eu é por meio do Caminho Óctuplo.

O Caminho Óctuplo é, então, o programa de tratamento. Não é, porém, um tratamento externo a ser aceito passivamente pelo paciente como vindo do exterior. Não é um tratamento realizado por meio de comprimidos, ou rituais, ou graça. Em vez disso, é um tratamento realizado por meio de treinamento. As pessoas normalmente treinam para praticar esportes ou para seguir suas profissões, mas, com notáveis exceções, como Benjamin Franklin, tendem a achar que não se pode treinar para a vida. O Buda discordava. Ele distinguia duas formas de se viver. A primeira — a maneira aleatória, não-reflexiva, na qual o sujeito é puxado e empurrado pelos impulsos e circunstâncias como um galho numa enxurrada de tempestade — ele chamou de "perambulação". A segunda — a trilha do viver com intenção — ele chamou de o Caminho. O que ele propunha era uma série de mudanças destinadas a libertar o indivíduo da ignorância, do impulso involuntário e de tanha. Mapeou um programa de treinamento completo; rampas íngremes e curvas perigosas foram colocadas e áreas de descanso, indicadas. Por meio de disciplina paciente, o Caminho Óctuplo não tem outra intenção além de levar um indivíduo do ponto onde ele está agora a outro, transformado num ser humano diferente, curado da invalidez que resulta em incapacidade. "A felicidade, quem a busca pode alcançar", disse o Buda, "se ele treinar".

Que treinamento é esse do qual o Buda fala? Ele os divide em oito passos, precedidos, porém, de um preliminar que ele não incluiu na sua lista, mas que menciona com tanta freqüência que podemos concluir que ele o estava pressupondo aqui. O passo preliminar é a *associação correta*.

Ninguém reconhece mais claramente que o Buda o quanto somos animais sociais, influenciados todas as vezes pelo "exemplo da companhia" dos nossos associados, cujas atitudes e valores nos afetam profundamente. Indagado sobre como se atinge a iluminação, o Buda respondeu: "Alguém que incita a fé aparece no mundo. Alguém se associa a ele." Outras inflexões seguem, mas a associação correta é tão básica que justifica um outro parágrafo.

Quando um elefante selvagem vai ser domado e treinado, a melhor forma de se começar isso é estar atrelado a outro que já tenha passado pelo processo. Por meio do contato, o selvagem é levado a perceber que a condição a que ele está sendo levado não é totalmente incompatível com sua natureza de elefante, ou seja, aquilo que se espera dele não contradiz categoricamente sua natureza, mas anuncia uma condição que, embora assustadoramente diferente, é viável. O exemplo constante, imediato e contagioso do companheiro ao qual está atrelado consegue lhe ensinar melhor do que qualquer outra coisa. O treinamento da vida espiritual não é diferente. A transformação que espera aquele que ainda não está treinado não é nem menor, nem menos exigente, que a do elefante. Sem evidência visível de que o sucesso é possível, sem uma contínua transfusão de coragem, o desânimo tende a aparecer. Se (conforme mostram recentes estudos científicos) a ansiedade é absorvida por aqueles com que se associa, a persistência não poderia também ser assimilada? Robert Ingersoll observou certa vez que se ele fosse Deus, teria feito a saúde contagiosa, em vez da doença, ao que um contemporâneo indiano respondeu: "Quando perceberemos que a saúde *é* tão contagiosa quanto a doença, a virtude tão contagiosa quanto o vício, a alegria tão contagiosa quanto o mau humor?" Uma das três coisas pelas quais devemos agradecer diariamente, de acordo com o Buda, é a companhia do sagrado. Da mesma maneira que as abelhas não podem fazer mel, a não ser juntas, os seres humanos não podem progredir no Caminho a não ser que sejam sustentados pelo campo de confiança e interesse que aqueles que alcançaram a Verdade geram. O Buda concorda. Devemos nos associar àqueles que alcançaram a Verdade, conversar com eles, servi-los, observar seus modos e absorver por osmose seu espírito de amor e compaixão.

> *Se você não encontrar ninguém para seguir com você o caminho espiritual, caminhe sozinho.*
> *Se você der com um sábio*
> *Que possa tirá-lo do caminho errado,*
> *Siga-o.*
> *Estar em companhia de gente sábia é agradável, como um encontro com a própria família.*
> *Portanto, viva entre os sábios,*
> *Que são compreensíveis, pacientes, responsáveis e nobres.*
> *Esteja em sua companhia, como a lua que se move entre as estrelas.*[1]

Tendo dado esse passo preliminar, podemos prosseguir com os oito passos do Caminho, propriamente ditos.

1. *Visões Corretas* — um modo de vida sempre envolve mais do que crenças, mas nunca se pode superá-las totalmente, pois, além de serem animais sociais, conforme acabamos de observar, os seres humanos também são animais racionais. Não totalmente, para ser preciso — o Buda teria reconhecido isso rapidamente. Mas a vida precisa de direcionamento, um mapa em que a mente possa confiar para empregar nossas energias na direção correta. De volta ao elefante como ilustração, não importa a gravidade do perigo em que se encontre, ele não tentará fugir até ter primeiro se assegurado de que o caminho por onde passará é capaz de suportar o seu peso. Sem essa certeza, ele continuará trombeteando em agonia num vagão em chamas, em vez de arriscar um tombo. Os mais vociferantes caluniadores da razão devem admitir que, no mínimo, esse é o papel que ela representa na vida humana. Se tem ou não o poder de seduzir, claramente o tem de vetar. Até que a razão seja satisfeita, um indivíduo não consegue prosseguir sinceramente em nenhuma direção.

Portanto, alguma orientação intelectual é necessária para se partir na jornada de forma que não seja casual. As Quatro Nobres Verdades dão essa orientação. O sofrimento abunda, é ocasionado pelo impulso para a realização pessoal, esse impulso pode ser amenizado e a maneira de amenizá-lo é trilhando o Caminho Óctuplo. Dessa forma, as Quatro Nobres Verdades e o Caminho Óctuplo estão interligados. A Quarta das Quatro Nobres Verdades é o Caminho Óctuplo, e o primeiro passo do Caminho Óctuplo — Visões Corretas — consiste das Quatro Nobres Verdades.

2. *Intenção Correta* — enquanto o primeiro passo nos convida a perceber basicamente qual é o problema da vida, o segundo aconselha a pôr o nosso coração naquilo que realmente queremos. É realmente a iluminação, ou nossos afetos balançam de um lado para outro, mergulhando como pipas a cada corrente de distração? Se tencionamos ir longe, a persistência é indispensável. As pessoas que conseguem atingir a grandeza são quase sempre passionalmente envolvidas com alguma coisa. Fazem milhares de coisas a cada dia, mas atrás delas está aquela coisa suprema. Quando as pessoas buscam a libertação com uma intenção dessa ordem, elas po-

dem esperar que seus passos se transformem de escorregadios em largas e firmes passadas.

3. *Discurso Correto* — nos três próximos passos, tomamos as rédeas que controlam nossa vida, a começar pela atenção à linguagem. Nossa primeira tarefa é nos tornarmos conscientes do nosso discurso e daquilo que ele revela sobre o nosso caráter. Em vez de começarmos com a decisão de não falar nada além da verdade — uma decisão que tende a se provar ineficiente para se começar, pois é muito avançada —, faremos bem se começarmos bem antes, tentando perceber quantas vezes ao dia nos desviamos da verdade e irmos adiante perguntando por que fizemos isso. E, de forma semelhante, com o linguajar inclemente. Não começamos decidindo nunca mais dizer uma palavra grosseira, mas observando nossa fala para nos tornarmos conscientes dos motivos que causam essa grosseria. Que falta de caráter precisamos proteger com esse desvio da verdade?

Depois desse primeiro passo ter sido razoavelmente dominado, estaremos prontos para tentarmos algumas mudanças. O terreno já terá sido preparado, pois uma vez que nos tornamos conscientes da maneira como falamos, a necessidade de mudança fica evidente. Em quais direções as mudanças devem seguir? Primeiro, em direção à veracidade. O Buda abordava a verdade mais ontologicamente que moralmente; ele considerava o logro mais uma tolice do que um mal. É tolice porque reduz o ser de quem logra. Por que logramos? Atrás das racionalizações, o motivo é quase sempre o medo de revelar aos outros ou a nós mesmos aquilo que realmente somos. A cada vez que cedemos a esse "recurso protetor", as paredes do nosso ego ficam mais espessas e nos aprisionam ainda mais. Esperar que possamos abrir mão das nossas defesas de um só golpe é irreal, mas é possível nos tornarmos progressivamente conscientes delas e reconhecer as formas como elas nos aprisionam.

A segunda direção para a qual nossa fala deve ser direcionada é a da caridade. Falso testemunho, conversas fúteis, fofoca, calúnia e difamação devem ser evitados, não apenas nas suas formas óbvias, mas também nas veladas. As formas veladas — subestimar sutilmente, falta de tato "acidental", cinismo — são freqüentemente mais maldosas, pois suas intenções são veladas.

4. *Conduta Correta* — aqui, também, a advertência (conforme o Buda a detalhou nos seus últimos discursos) envolve um chamado para se compreender nosso comportamento mais objetivamente antes de tentar melhorá-lo. O treinando deve refletir sobre suas ações com vista aos motivos que as provocam. Quanta generosidade havia nelas e quanto se buscava satisfazer o eu? Sobre a direção que a mudança deve tomar, o conselho é novamente em direção ao altruísmo e à caridade. Essas orientações gerais são detalhadas nos Cinco Preceitos, a versão budista da segunda metade, ou metade ética, dos Dez Mandamentos:

Não mate. Budistas rigorosos estendem essa prescrição aos animais e são vegetarianos.

Não Roube. (Não tome aquilo que não lhe foi dado.)

Não Minta. (Não diga aquilo que não é.)

Não seja incasto. Para monges e solteiros, isso significa abstenção. Para os casados, significa restrição na proporção ao seu interesse no Caminho, ou na distância dele.

Não use inebriantes. Inebriantes enevoam a mente. Foi relatado que um dos primeiros czares russos, frente à decisão de escolher para o seu povo entre o cristianismo, o islamismo ou o budismo, rejeitou os dois últimos, pois ambos exigiriam que ele abandonasse a vodka.

5. *Correto Viver.* A palavra "ocupação" é bem delineada, pois nosso trabalho realmente toma a maior parte da atenção que temos quando estamos despertos. Buda considerava impossível o progresso espiritual se a característica da ocupação que se exerce resiste a ele: "A mão do tintureiro fica manchada pela tinta com que trabalha." O cristianismo concordou. Embora tenha explicitamente incluído os carrascos como um papel que a sociedade lamentavelmente precisava que fosse exercido, Martinho Lutero desaprovava usurários e especuladores.

Daqueles que têm muita intenção de se libertarem, a ponto de dedicarem sua vida inteira ao projeto, o correto viver requer se unir à ordem monástica e se submeter à sua disciplina. Para o leigo, pede que se engaje em ocupações que promovam a vida, em vez de destruí-la. De novo, Buda não se contentava com a generalização. Ele deu os nomes das profissões da sua época que considerava incompatíveis com a seriedade espiritual. Algumas delas são óbvias: traficante de veneno, mercador de escravos, prostituta. Outras seriam revolucionárias, se adotadas em todo o mundo: açougueiro, cervejeiro, armeiro, coletor de impostos (a especulação era, então, rotina). Um dos itens da sua lista continua a ser espantoso. Por que o Buda condenava a profissão de mercador de caravana?

Embora os ensinamentos explícitos do Buda sobre o trabalho tivessem como objetivo ajudar seus contemporâneos a distinguirem entre as profissões que conduziam ao progresso espiritual e aquelas que o impediam, há budistas que sugerem que se ele estivesse pregando hoje em dia, ele se preocuparia menos com detalhes do que com o perigo de as pessoas esquecerem que o trabalho é um meio de vida e não seu fim.

A tradição budista agrupa o terceiro, o quarto e o quinto passos sob o título de *sila*, moralidade, deixando claro que o inapto moral não se arrisca a despertar a fúria de uma divindade, mas a retardar seu próprio desenvolvimento interior. Tentar progredir na meditação budista sem purificar seus atos é como tentar cavalgar um cavalo firmemente preso a um poste. Para o Buda, moralidade não é meramente uma preliminar a ser abandonada nos últimos estágios da iluminação, mas o acompanhamento e a conseqüência da vida meditativa. A virtude é a semente *e* o fruto da iluminação.[2]

6. *Esforço Correto*. O Buda pôs uma tremenda ênfase na vontade. Alcançar uma meta requer um imenso empenho. Há virtudes a serem desenvolvidas, paixões a serem reprimidas e estados mentais destrutivos a serem expurgados para que a compaixão e o desapego possam ter uma chance. Um famoso verso do *Dhammapada* diz: "'Ele me roubou, me bateu, me maltratou' — na mente daqueles que pensam assim, o ódio nunca acabará." Mas a única maneira pela qual esses sentimentos que nos fazem incapazes podem ser dispersados, a única forma de realmente se acabar com grilhões de qualquer tipo, é o que William James chamava de "vagaroso esforço da vontade". "Aqueles que seguem o Caminho", disse Buda, "podem bem se ver no exemplo de um boi que marcha através de um banhado profundo, carregando uma carga pesada. Ele está cansado, mas seu olhar está fixo, mirando sempre adiante, sem relaxar até sair do charco, para só

então descansar. Ó monges, lembrem-se de que a paixão e o pecado são mais do que o banhado imundo, e que vocês só podem escapar da miséria se pensarem com seriedade e constância no Caminho."[3] Capricho — um baixo nível de vontade, um mero desejo desacompanhado de esforço ou de ação para realizá-lo — não funcionará.

Ao discutir o esforço correto, o Buda acrescentou posteriormente reflexões sobre tempo e equilíbrio. Alpinistas inexperientes, para conquistar seu primeiro grande pico, são freqüentemente impacientes com a aparente perambulação absurda a qual seu guia veterano os submete, mas antes do fim do dia seu ritmo lento é justificado. O Buda tinha mais confiança no caminhar lento e constante do que no arranque rápido. Quando um monge chamado Sona, que praticava meditação em movimento, caminhando até que seus pés sangrassem, pensou em desistir do Caminho, o Buda foi até ele e perguntou:

> — *Diga-me, Sona, quando, há tempos, você vivia em casa, você não era um hábil tocador de alaúde?*
> — *Sim, senhor.*
> — *Diga-me, Sona, quando as cordas do alaúde estavam retesadas demais, o instrumento estava afinado?*
> — *Certamente não, senhor.*
> — *E quando as cordas do alaúde estavam frouxas demais, o instrumento estava afinado?*
> — *Certamente não, senhor.*
> — *Mas quando as cordas do alaúde não estavam nem apertadas nem frouxas demais, e sim ajustadas num nível uniforme, o alaúde tinha um som afinado?*
> — *Certamente, senhor.*
> — *Da mesma maneira, Sona, se o esforço for aplicado com muita força, ele resultará em inquietação; se fraco demais, levará a lassidão. Mantenha, portanto, seu esforço equilibrado.*

Os dois últimos passos do Caminho Óctuplo talvez representem o aspecto mais característico do ensinamento do Buda, isto é, a importância fundamental da prática da meditação. O mais famoso símbolo do Budismo, uma pessoa sentada de pernas cruzadas, as costas eretas, relaxada na postura de meditação, talvez seja a mais eloqüente declaração desse fato básico. Mas se preferirmos palavras em lugar de imagens, essas poucas do estudioso budista Edward Conze serão suficientes: "As práticas meditativas consistem na própria essência da abordagem do Buda à vida."[5] A palavra que o Buda usava para "meditação" era *bhavana*, "desenvolvimento mental", ou "cultivo da mente", uma tarefa que envolve tanto a correta concentração (o oitavo passo) quanto a correta atenção (o sétimo passo). Discutiremos brevemente cada um desses passos aqui, explorando-os mais profundamente no capítulo 8.

7. *Correta Atenção*. Nenhum mestre deu tanto crédito à influência da mente sobre a vida quanto o Buda. O mais amado de todos os textos budistas, o já citado *Dhammapada*, abre com estas palavras: "Tudo o que somos é o resultado do que pensamos. Nossa vida é moldada pela nossa mente. Nós nos tornamos aquilo que pensamos. O sofrimento segue o pensamento insalubre, da mesma forma que as rodas da carroça seguem os bois que as puxam. A alegria segue o pensamento saudável como a sombra que nunca parte."[6] E com relação ao futuro, há o ditado: "Vocês querem prever suas vidas futuras? Examinem a condição da sua mente presente."

O Buda aconselha tanto a auto-análise contínua que parece desencorajadora, mas ele achava que ela era necessária por acreditar que a libertação da existência inconsciente, autômata, é apenas alcançada pela consciência refinada. Para se atingir esse fim, ele insistia que devemos buscar compreender profundamente a nós mesmos, vendo tudo nos nossos estados mentais e físicos como realmente é. Se prestarmos uma atenção constante nas nossas disposições e nos nossos pensamentos, nas nossas ações e sensações físicas, perceberemos que elas surgem incessantemente e desaparecem, não sendo de maneira alguma parte permanente de nós. A correta atenção tem como objetivo testemunhar todos os eventos físicos e mentais, inclusive nossas emoções, sem reagir a eles, sem condenar alguns nem se prender a outros.

Por meio da prática da atenção correta, alcançamos, então, inúmeros lampejos intuitivos. Começamos a ver que (1) todo estado físico e mental está no seu fluxo, nenhum é sólido ou duradouro; (2) que o apego habitual a esses estados impermanentes está na raiz de grande parte do dukkha da vida e que esses lampejos intuitivos enfraquecem esse hábito; e (3) que temos pouco controle sobre nossos estados mentais e sensações físicas, bem como normalmente temos pouca consciência das nossas reações. Mais importante, começamos a perceber que não há ninguém *por trás* dos eventos físicos e mentais, orquestrando-os. Quando a capacidade de atenção consciente é refinada, fica claro que a própria consciência não é contínua. Como a luz de uma lâmpada, o ligar e o desligar são tão rápidos que a consciência parece ser constante, quando de fato não é. Com esses lampejos intuitivos, a crença num eu separado que existe por si mesmo começa a se dissolver e a liberdade a surgir.[7]

8. *Concentração Correta.* Embora a concentração correta seja tradicionalmente listada como o oitavo passo, de muitas formas ela vem antes da atenção correta, pois para se realizar efetivamente os exercícios de atenção, deve-se primeiro aprender a focar a própria mente. Para esse fim, o Buda aconselha tentar, paciente e persistentemente, sustentar a atenção total num único ponto, o mais comum seria simplesmente a própria respiração. Tentativas iniciais de concentração são inevitavelmente esfaceladas por distrações. Vagarosamente, porém, a atenção fica mais aguçada, mais estável, mais sustentada. Durante os primeiros dias de alguns treinamentos de meditação budista, o esforço pode ser dirigido apenas à concentração, antes de se passar para os exercícios de atenção. Mas a concentração não acaba onde começa a atenção. De fato, são mutuamente reforçadas (veja capítulo 8).

Foi observado anteriormente que nos últimos dias da vida do Buda, ele disse aos seus discípulos que as primeiras sugestões de libertação vieram antes de ele ter deixado sua casa, no dia em que, ainda menino, sentado debaixo da sombra refrescante de uma macieira, profundamente absorto, ele se viu pego num estado meditativo (veja capítulo 1). Foi a primeira vez que sentiu o sabor da liberdade e disse a si mesmo, "esse é o caminho para a iluminação". Foi a nostalgia pela volta e o aprofundamento dessa experiência, tanto quanto sua desilusão com as recompensas usuais da vida material que o levaram a tomar a decisão de devotar totalmente sua vida à aventura espiritual. O resultado, conforme vimos, não foi simplesmente uma nova filosofia de vida. Foi uma regeneração, uma transformação numa criatura que experimentou o mundo de outra forma. A não ser que vejamos isso, não seremos capazes de mensurar o poder do budismo na história humana. Alguma coisa aconteceu ao Buda debaixo da Árvore Bo, e alguma coisa aconteceu a todo budista que perseverou até os passos meditativos finais do Caminho Óctuplo. Como uma câmara fotográfica, a mente não foi bem focalizada, mas o ajuste foi feito agora. Os *três venenos* — ignorância, anseio e aversão — começam a evaporar,[8] e nós vemos que as coisas não são como supúnhamos que fossem. De fato, suposições de todos os tipos começam a desaparecer para serem substituídas pela percepção direta.

6

OUTROS CONCEITOS CENTRAIS DO BUDISMO:
Nirvana, Anatta,
As Três Marcas da Existência, Ascensão Dependente e Vazio

É tão difícil se ter certeza da visão total do Buda sobre a vida quanto da de qualquer outro personagem histórico. Uma parte do problema deriva do fato de que, como muitos mestres antigos, ele não escreveu nada. Há um espaço de quase um século e meio entre as palavras que proferiu e os primeiros registros escritos, e, embora a memória naqueles tempos pareça ter sido inacreditavelmente fiel, um espaço de tempo como esse certamente levanta perguntas. Um segundo problema advém da riqueza do material contido nos textos. O Buda ensinou durante quarenta e cinco anos e uma desconcertante coleção de preceitos chegou até nós, de uma forma ou de outra. Embora o resultado líquido sem sombra de dúvida seja uma bênção, a incrível quantidade de material é de causar confusão. Seus ensinamentos se mantiveram notavelmente consistentes com o passar dos anos, mas é impossível dizer coisas a tantas mentes e de muitas formas diferentes sem se criar problemas de interpretação. Essas interpretações constituem a terceira barreira. Na época em que os textos começaram a aparecer, escolas adeptas tinham se alastrado, algumas com a intenção de minimizar a ruptura do Buda com o hinduísmo brâmane, outras com a intenção de aguçá-la. Isso faz com que os estudiosos ponderem sobre quanto daquilo que lêem é o pensamento verdadeiro do Buda e quanto é interpolação de adeptos.

Sem dúvida, o mais sério obstáculo à recuperação da completa filosofia do Buda é o seu próprio silêncio a respeito de pontos cruciais. Já vimos que sua atenção mais premente era prática e terapêutica, não especulativa e teórica. Em vez de debater cosmologias, ele queria introduzir às pessoas um outro tipo de vida. Seria errado dizer que ele não se interessava pela teoria. Seus diálogos demonstram que ele analisava meticulosamente certos problemas abstratos, que ele possuía, realmente, uma mente metafísica brilhante. Foi por princípio que ele resistiu à filosofia, como alguém que tem senso de obrigação deve considerar os passatempos uma perda de tempo.

Sua decisão faz tanto sentido que pode parecer uma traição inserir uma seção como esta, que tenta identificar diretamente — e até certo ponto definir — certas noções-chave da perspectiva do Buda. No final, porém, a tarefa é inevitável, pelo simples fato de que a metafísica é inevitável. Todos tomam algumas questões por básicas, e essas noções afetam as interpretações de assuntos relacionados. O Buda não foi exceção. Ele se recusava a começar discussões filosóficas e apenas ocasionalmente se permitia sair do seu "nobre silêncio" para participar delas. Mas certamente tinha pontos de vista. Ninguém que deseja compreendê-lo consegue escapar da perigosa tarefa de tentar descobrir quais eram.

Podemos começar com *nirvana*, a palavra que o Buda usava para chamar o objetivo da vida, conforme ele entendia. Etimologicamente, quer dizer "apagar", ou "extinguir", não transitivamente, mas como um fogo que pára de arder. Sem combustível, o fogo se apaga e isso é o nirvana. Por causa dessa imagem, foi amplamente entendido que o extinguir para o qual o budismo aponta é a anulação total. Se assim fosse, haveria fundamento para a acusação de que o budismo nega a vida e é pessimista. E como se deu, estudiosos do último meio século disseminaram essa idéia. O nirvana é o mais alto destino do espírito humano e seu sentido literal é "extinção", mas o que deve ser extinto são os limites do eu finito e os três venenos que alimentam esse eu: "A extinção da ganância, a extinção da raiva, a extinção da desilusão, isso é o que é o Nirvana."[1]

Não diz, a seguir, que o que resta é o nada. De forma negativa, o nirvana é o estado no qual todos os desejos pessoais são totalmente consumidos e tudo o que restringe a vida perece. De maneira afirmativa, é a própria vida sem limites. O Buda evitava todos os pedidos que faziam a ele para dar uma descrição positiva desse estado sem limites, insistindo que era "incompreensível, indescritível, inconcebível, impronunciável". Depois de tudo, depois de termos eliminado todos os aspectos da única consciência que já conhecemos, como falar do que foi deixado para trás?[2] Um dos herdeiros do Buda, Nagasena, preserva esse aspecto no diálogo a seguir. Quando foi perguntado como era o nirvana, Nagasena se opôs com sua resposta:

> — *Existe uma coisa chamada vento?*
> — *Sim, reverenciado senhor.*
> — *Por favor, mostre-me o vento pela cor, ou configuração, ou pela sua espessura, ou por sua extensão.*
> — *Mas é impossível, reverenciado Nagasena, mostrar o vento, pois o vento não pode ser segurado pela mão, nem tocado, embora o vento exista.*
> — *Bem, senhor, se o vento não pode ser visto, então não há vento.*
> — *Eu, reverenciado Nagasena, sei que o vento existe. Estou convencido disso, mas não sou capaz de mostrar o vento.*
> — *Da mesma maneira o nirvana existe, senhor. Mas não é possível mostrá-lo.*[3]

Nossa maior ignorância é imaginar que nosso destino final é concebível. Tudo o que podemos saber é que é uma condição além do alcance de qualquer estado psicológico ainda preso a um "eu"; todos esses estados são, num grau ou noutro, miragens. O Buda arriscaria apenas uma caracterização afirmativa: "Bem-aventurança. Sim, Bem-aventurança, amigos, é o nirvana."

Nirvana é Deus? Quando respondida de forma negativa, essa pergunta leva a conclusões opostas. Alguns concluem que, como o budismo não professa um Deus, não pode ser considerado uma religião. Outros pensam que, uma vez que o budismo é obviamente uma religião, então religião não precisa de Deus. A dúvida exige que demos uma rápida olhada no que quer dizer a palavra "Deus".

Seu significado não é único, muito menos simples. Dois sentidos devem ser distinguidos para que entendamos seu lugar no budismo. Um significado de Deus é o de um ser personificado que criou o universo por meio de um projeto deliberado e que periodicamente intervém nos seus processos causais naturais. Definido nesse sentido, nirvana não é Deus. O Buda não o considerava pessoal porque a personalidade requer definição, a qual o nirvana exclui. E, embora ele não tenha negado expressamente a criação, ele claramente eximiu o nirvana de tê-la causado. Finalmente, o Buda não deixou espaço para a intervenção sobrenatural nos processos causais naturais que viu governando o mundo. Se a ausência de um Deus-Criador pessoal é ateísmo, então o budismo é ateu.

Há, porém, um segundo significado de Deus, que (para distinguir do primeiro) foi chamado de Ente Supremo. A idéia de personalidade não é parte desse conceito, o qual aparece nas tradições místicas do mundo interior. Quando o Buda declarou, "há, ó monges, alguém que ainda não nasceu, que ainda não veio a ser, nem foi criado, nem formado. Se não fosse assim, não haveria libertação do formado, do fabricado, do composto",[4] ele parecia estar falando dessa tradição. Impressionado pelas semelhanças entre o nirvana e o Ente Supremo, Edward Conze compilou de textos budistas uma série de atributos que se aplicam a ambos. Ele nos diz que

> O nirvana é permanente, estável, imperecível, imóvel, sem idade, imortal, que ainda não nasceu, que ainda não veio a ser; é poder, bem-aventurança e felicidade, o refúgio seguro, o abrigo e o lugar de segurança inexpugnável; é a Verdade real e a Realidade suprema; é o Bem, a meta suprema e a primeira e única realização da nossa vida, a Paz eterna, oculta e incompreensível.[5]

Podemos concluir com Conze que nirvana não é Deus definido como criador pessoal, mas que fica suficientemente próximo do conceito de Deus como Ente Supremo para garantir uma ligação nesse sentido.[6]

A coisa mais surpreendente que o Buda disse sobre o eu humano é que ele não tem alma. A doutrina do *anatta* (literalmente, "não-eu", isto é, identidade pessoal não duradoura, imutável) também fez com que o budismo parecesse peculiar em termos de religião. Mas, de novo, a palavra precisa ser examinada. O que era o *atta* (a palavra pali equivalente à sânscrita *atman*, ou "eu") que o Buda negava? Em que momento ela veio a significar (a) uma substância espiritual que, mantendo a posição dualística do hinduísmo, (b) retém sua identidade para sempre.

O Buda negava ambas essas características. A sua negação da substância espiritual — a alma como o homúnculo, uma aparição fantasmagórica dentro do corpo que o anima e sobrevive a ele — parece ser o principal aspecto que distingue o seu conceito de transmigração das interpretações hindus prevalecentes. Um autêntico filho da Índia, o Buda não duvidava que a reencarnação fosse de qualquer forma, um fato, mas ele era abertamente crítico quanto à maneira como seus contemporâneos brâmanes interpretavam o conceito. O ponto crucial da sua crítica pode ser visto na claríssima descrição que deu da sua própria visão sobre esse assunto. Ele usou a imagem de uma chama sendo passada de vela para vela. Como é difícil de se pensar na chama da última vela como sendo a chama original, a ligação pareceria ser causal, na qual a influência foi transmitida numa reação em cadeia, mas sem uma substância que perdurasse.

Quando acrescentamos a essa imagem da chama a aceitação que o Buda tinha do karma, temos o âmago do que ele disse sobre transmigração. Um resumo do seu ponto de vista seria mais ou menos o seguinte: (1) Há uma cadeia de causas ligando todas as vidas que levaram à presente e àquelas que virão. Cada vida está na condição em que se encontra por causa da maneira como foram vividas as vidas que conduziram a ela. (2) Por toda essa seqüência causal, a vontade retém pelo menos um pouco de liberdade. As leis que controlam as coisas fazem do presente estado um produto de ações anteriores, mas em cada momento presente a vontade, embora profundamente influenciada, não está totalmente controlada. As pessoas *podem* moldar seus destinos e, ao fazer isso, descobrem uma liberdade ainda maior. (3) Os dois pontos precedentes afirmam o encadeamento causal da vida, mas não acarretam necessariamente que uma substância de qualquer tipo seja transmitida. Idéias, impressões, sentimentos, fluxos de consciência de algum tipo, momentos presentes — isso é tudo o que encontramos, nenhum substrato espiritual. Hume e James estavam certos: se há um eu que permanece, sempre sujeito, nunca objeto, ele nunca se mostra.

Uma analogia pode sugerir os pontos de vista do Buda sobre o karma e a reencarnação de uma maneira corroborante. (1) Os desejos e insatisfações que influenciam os conteúdos da mente — aquilo no que presto atenção e aquilo que ignoro — não apareceram por acidente. Têm uma origem definida. Além das atitudes que herdei da minha cultura, também formei hábitos mentais. Eles incluem anseios de vários tipos, tendências a me comparar com os outros por orgulho ou inveja e disposição para o contentamento e o seu oposto, a aversão. (2) Embora reações habituais tendam a se fixar, não sou unido pela minha história pessoal. Posso ter novas idéias e mudanças de disposição. (3) Nem a continuidade nem a libertação desses dois aspectos faz com que esses pensamentos ou sentimentos sejam considerados como entidades — coisas ou substâncias mentais que são transportadas de uma mente a outra, ou de momento em momento. Ter sido ensinado pelos meus pais a me preocupar com a justiça não implica que uma substância, seja etérea ou fantasmagórica, saltou da mente deles para a minha.

Essa negação da substância espiritual era apenas um aspecto da negação mais ampla que o Buda fazia a qualquer tipo de substância. A substância encerra uma conotação tanto geral quanto específica. De maneira geral, refere-se a algo relativamente permanente que sustenta mudanças superficiais na coisa em questão; especificamente, essa coisa mais básica é tida como matéria. O psicólogo no Buda se rebelou contra essa última noção, pois para ele a mente era mais básica do que a matéria. O empirista nele, por sua vez, desafiou as implicações de uma noção generalizada de substância. É impossível se ler a literatura budista sem captar seu sentido de transitoriedade (anicca) de tudo o que é finito, seu reconhecimento do perpétuo perecer de todos os objetos naturais. É isso que dá às descrições budistas do mundo natural sua pungência.

> *A neve cai sobre o rio,*
> *Branca num instante e então desaparece para sempre.*
> *A que devo comparar*
> *O mundo e a vida do homem?*
> *Ah, o reflexo da lua*
> *Na gota de orvalho*
> *No bico da ave aquática.*[7]

> *Embora a sua fragrância seja como a sua cor,*
> *A flor vai se despetalar.*
> *Quem, neste mundo, vive para sempre?*

O Buda incluiu a impermanência anicca como a primeira na sua lista das *três marcas da existência* — características que se aplicam a tudo que faz parte da ordem natural. As outras duas são o sofrimento (dukkha) e a ausência da existência independente (anatta). Nada na natureza permanece idêntico ao que era um momento antes. A esse respeito, o Buda se aproxima da ciência moderna, que descobriu que os objetos relativamente estáveis do macromundo derivam de partículas tão efêmeras que quase não existem. Para ressaltar a fugacidade da vida, o Buda chamou os componentes do eu humano de skandhas — pássaros que permanecem unidos no vôo em formação e, ao mesmo tempo, tão soltos quanto desejam — e o corpo de "pilha", cujos elementos não estão mais unidos do que grãos empilhados. Mas por que o Buda ridicularizou um ponto que pode parecer óbvio? Porque ele acreditava que nós apenas nos libertaremos da dor causada pelo apego à permanência se a aceitação da mudança contínua se enraizar no nosso âmago. Os seguidores do Buda conhecem bem esse conselho:

Considere este mundo fantasmagórico
Como uma estrela ao amanhecer, uma bolha no regato,
O clarão de um raio numa tempestade de verão,
Uma vela bruxuleante — um fantasma e um sonho.[8]

Devido a essa noção de radical impermanência das coisas finitas, poderíamos esperar que a resposta do Buda para a pergunta "os seres humanos sobrevivem à morte física?" fosse um sonoro não, mas de fato sua resposta foi ambígua. As pessoas comuns, quando morrem, deixam laços de desejo finito que só podem ser realizados em outras encarnações. Nesse sentido, ao menos essas pessoas continuam a viver.[9] Mas e o *arhat*,[10] o santo que extinguiu todos os desejos? Ele continua a existir depois da morte? Quando um asceta andarilho fez essa pergunta, o Buda respondeu:

— *A palavra "reencarnar" não se aplica a ele.*
— *Então ele não reencarnou?*
— *O termo "não reencarnou" não se aplica a ele.*
— *Cada uma das minhas perguntas, Gautama, você respondeu de forma negativa. Estou perplexo e confuso.*
— *Você deve estar perplexo e confuso, Vaccha, pois esta doutrina é profunda, recôndita, difícil de entender, rara, excelente, além da dialética,*

sutil, para ser compreendida apenas pelos sábios. Assim, deixe-me per-
guntar. Se houvesse um fogo ardendo na sua frente, você perceberia?
  — Sim, Gautama.
  — Se o fogo se apagasse, você saberia que ele se foi?
  — Sim.
  — Se agora eu perguntasse em que direção foi o fogo, se para o leste,
oeste, norte ou sul, você poderia responder?
  — A pergunta não foi feita de maneira correta, Gautama.[11]

E então o Buda encerra a discussão, observando que "da mesma maneira" o asceta não tinha feito sua pergunta de maneira correta. "Sentimentos, percepções, tendências de disposição, consciência — tudo o que denota o arhat já passou por ele. Profundo, sem medida, imensurável é o arhat, até mais que o grande oceano. 'Reencarnar' não se aplica a ele, nem 'não reencarnar', nem qualquer combinação desses termos."[12]

Contribui para a compreensão desse diálogo saber que, para os indianos daquele tempo, a chama que se extinguiu não se apagou de fato, mas retornou à condição pura, invisível, do fogo, antes de ter aparecido visivelmente. Mas a força real desse diálogo está em outro lugar. Quando perguntou para onde o fogo, visto ter-se apagado, tinha ido, o Buda estava chamando a atenção para o fato de que alguns problemas são colocados de forma tão desajeitada pela nossa linguagem que frustram a solução pela sua própria formulação. É esse o caso da questão sobre a existência da pessoa iluminada depois da morte. Se o Buda tivesse respondido "sim, ela continua a viver", seus ouvintes teriam presumido a persistência do modo presente de viver as coisas, o que não era a intenção do Buda. Por outro lado, se ele dissesse, "o iluminado cessa de existir", seus ouvintes presumiriam que ele estava condenando essa pessoa à extinção total, o que também ele não tinha a intenção de dar a entender.

Para tentarmos formar um quadro mais detalhado do estado que é o nirvana, devemos prosseguir sem a ajuda do Buda, não somente porque ele percebeu, quase que com desespero, o quanto a condição transcende o poder das palavras, mas também porque ele se recusava a persuadir seus ouvintes com cenas dos próximos capítulos.

Mesmo assim, é possível se ter alguma noção da meta em direção da qual seu Caminho vai. Já vimos que o Buda considerava o mundo como

Outros Conceitos Centrais do Budismo **65**

tendo uma ordem legítima na qual os eventos são governados pela lei de causa e efeito que a tudo permeia, que ele chamava de ascensão dependente (*pratitya samutpada*).[13] As ações humanas impulsionadas pelo desejo ignorante tendem apenas a se reproduzirem. Se essa tendência não for refreada, a roda da ascensão dependente só aperta ainda mais nossas amarras. Inversamente, porém, as ações impulsionadas pela intenção de se conquistar a liberdade espiritual geram o *seu* igual. Se a tendência é cultivada, a roda da ascensão dependente começa a girar na *outra* direção, soltando nossas amarras. Essa é a vida de quem desperta. A vida do arhat, portanto, é de crescente liberdade. O arhat fica cada vez mais autônomo, conforme seus antigos hábitos estabanados de corpo e mente se desembaraçam e caem. Nesse sentido, o arhat fica cada vez mais livre não apenas das paixões e preocupações do mundo, mas também dos seus acontecimentos de forma geral. Quando mais se interioriza, mais a paz e a liberdade substituem as lâminas giratórias do liqüidificador circunspecto ao qual se assemelham as vidas daqueles que são presas das circunstâncias.

"Para um discípulo assim libertado, em cujo coração reside a paz, não há mais nada a fazer. Inabalável é a mente, alcançada está a libertação. Ah, realmente felizes são os arhats! Neles, não se encontram anseios. O conceito do "eu sou" foi arrancado pela raiz. A teia da confusão está destruída. Translúcida é a sua mente!"[14]

Desde que o arhat continue encarnado, sua liberdade do particular, do temporal e da mudança não pode ser completada. Mas essa ligação é cortada com a morte final do arhat, e a libertação do finito se completa. Não podemos dizer ao certo como seria esse estado, mas podemos nos arriscar. O fim último do Caminho é uma condição na qual toda identificação com a experiência histórica do eu finito desaparece, enquanto a experiência como tal não apenas continua, mas se eleva além do que se pode reconhecer. Da mesma forma que os sonhos inconseqüentes desaparecem totalmente ao se despertar, como estrelas que se retiram em respeito ao sol da manhã, também a consciência individual é eclipsada pela luz sem limites da consciência total. Alguns dizem que "a gota de orvalho escorre para o mar brilhante". Outros preferem pensar na gota de orvalho se abrindo para receber em si o oceano.

Mil perguntas estão sem resposta, mas o Buda está em silêncio.
Outros aturam nossas perguntas. Vós sois livres.
Perguntamos de novo e de novo; vós sorrides e estais calmos.[15]

O que realmente pode ser dito é que a liberdade espiritual traz grandeza à vida. Os discípulos do Buda sentiam que ele encarnava incomensuravelmente mais realidade — e nesse sentido era mais real — do que qualquer pessoa que conheciam. E eles testemunharam pela própria experiência que o avanço ao longo do seu Caminho também engrandeceu suas vidas. Seus mundos pareciam se expandir, e a cada passo eles se sentiam mais vivos do que jamais tinham estado.

A reflexão precedente do estado de pós-morte do arhat surgiu da nossa definição de anatta como não-alma. Essa definição está correta, mas incompleta e adequá-la será a última coisa que faremos neste capítulo. O Buda, em primeiro lugar, também usava anatta para caracterizar coisas que ninguém jamais tinha afirmado ter uma alma. "*Sabbe dhamma anatta*", disse o Buda. "Todas as coisas (não apenas as pessoas) são desprovidas de um eu." O que isso significa?

O ponto crucial do Despertar do Buda foi a descoberta da ascensão dependente: todas as coisas e todos os processos ascendem *dependentes* de incontáveis outras coisas e processos. Essa é a teoria de campo do médico encarnada. Nada existe por si só. Os budistas freqüentemente comparam esse lampejo intuitivo com a imagem da Rede de Indra, uma teia cósmica presa com jóias em cada interseção. Cada jóia reflete as outras, juntamente com os reflexos todas as outras. Numa análise mais profunda, cada "jóia" não é nada além do reflexo dos outros reflexos. Do mesmo modo, todas as coisas e todas as pessoas do mundo, como todas as jóias na Rede de Indra, pois ascendem de forma dependente, são *vazias do próprio eu* (falta de existência pessoal). Vazio do próprio eu é o sentido mais amplo de anatta, aplicável tanto ao mundo animado quanto ao inanimado e menos confuso do que dizer que as "coisas" carecem de "eu". Ascensão dependente, anatta, e ser vazio do próprio eu são, dessa maneira, três maneiras de expressar o mesmo lampejo intuitivo sobre a interdependência de todas as coisas. Isso é especialmente importante, uma vez que o *vazio* é um dos conceitos-chave da forma mahayana de budismo, a qual vamos agora discutir.

7

THERAVADA E MAHAYANA:
A Grande Divisão

Até aqui, estivemos observando o budismo conforme aparece nos seus primeiros registros. Agora nos voltamos para a história do budismo e o registro que ela fornece sobre as variações que podem se amalgamar a uma tradição conforme ela busca suprir as necessidades das massas e os múltiplos tipos de personalidade.

Quando abordamos a história budista com esse interesse, o que nos toca imediatamente é que ela se divide. As religiões invariavelmente se dividem. No Ocidente, as doze tribos hebréias se dividiram em Israel e Judá. A cristandade se dividiu nas Igrejas Ocidental e Oriental, a Igreja Ocidental se dividiu em catolicismo romano e nas ramificações do protestantismo. A mesma coisa aconteceu com o budismo. O Buda morreu e, antes de o século acabar, as sementes da cisma já tinham sido plantadas. Uma abordagem da questão do porquê o budismo se divide seria por meio da análise dos eventos, personalidades e ambientes com os quais a religião se envolveu nos seus primeiros séculos. Podemos abreviar isso tudo, porém, simplesmente dizendo que o budismo se dividiu por causa das questões que sempre dividiram as pessoas.

Quantas são essas questões? Quantas questões dividiriam qualquer grupo de pessoas, seja na Índia, Nova York ou Madri? Três vêm à mente.

Primeiro, há a questão sobre se as pessoas são independentes ou interdependentes. Algumas pessoas são muito conscientes da sua individualidade. Para elas, sua liberdade e iniciativa são mais importantes que seus laços. O corolário óbvio é que elas vêem as pessoas fazendo seu próprio caminho através da vida. Aquilo que conquistam é, principalmente, por meio dos seus atos. "Nasci na favela, meu pai era alcoólatra, todos os meus parentes deram com os burros n'água — não me venha com conversa sobre hereditariedade ou ambiente. Cheguei aonde cheguei por conta própria!" Essa é uma atitude. Do outro lado da cerca estão aqueles para quem a interligação da vida prevalece. Para eles, o estado de separação das pessoas parece tênue. Eles se vêem apoiados e impulsionados por campos sociais que são tão fortes quanto os físicos. Os corpos humanos são separados, é claro, mas em um nível mais profundo, estão unidos como *icebergs* numa banquisa comum. "Não pergunte por quem os sinos dobram. Os sinos dobram por você."

Uma segunda questão se refere à relação na qual estão os seres humanos, dessa vez não com seus semelhantes, mas com o universo. O universo é amistoso e, em geral, prestimoso com as criaturas? Ou é indiferente, se não hostil? As opiniões diferem. Nas prateleiras das livrarias, encontramos volumes com títulos como *O Homem Agüenta Sozinho* e, ao lado deles, *O Homem não Agüenta Sozinho* e *O Homem não está Sozinho*. Alguns vêem a História como um minucioso projeto humano no qual a humanidade se ergue pelos seus próprios meios, ou o progresso não aconteceria. Para outros, é movida por um "poder superior que visa ao bem".

Uma terceira questão que divide é: qual a melhor parte do ser humano, sua mente ou seu coração? Um popular jogo de salão costumava fazer ao grupo a pergunta, "se você tivesse de escolher, você preferiria ser amado ou respeitado?" É o mesmo ponto de vista com uma peculiaridade diferente. Os de tendência clássica colocam os pensamentos acima dos sentimentos; os românticos fazem o oposto. Os primeiros buscam sabedoria; os últimos, se tiverem de escolher, compaixão. A distinção provavelmente também se relaciona com o contraste de William James entre aqueles de mente reflexiva e aqueles de mente branda.

Aqui estão três questões que provavelmente têm dividido as pessoas desde que se tornaram humanas e continua a dividi-las. Elas dividiram os primeiros budistas. Um grupo tomou como lema o discurso de adeus do Buda, "sejam como lâmpadas para si mesmos. Trabalhem na sua salvação com diligência". Qualquer progresso que as pessoas desse grupo façam é fruto da sabedoria — percepção intuitiva sobre a causa do sofrimento e sua cura. O outro grupo considera que a compaixão é a mais importante característica da iluminação, argumentando que buscar a iluminação por si mesmo e para si mesmo é uma contradição. Para eles, os seres humanos são mais sociais que individuais e o amor é a coisa mais grandiosa do mundo.

Outras diferenças se reúnem em torno dessas duas fundamentais. O primeiro grupo insistiu que o budismo era uma tarefa de tempo integral. Aqueles que tinham eleito o nirvana como seu objetivo central teriam de desistir do mundo e se tornar monges como o próprio Buda fizera. O segundo grupo, talvez por não depositar todas as suas esperanças no esforço pessoal, era menos exigente. Acreditava que sua perspectiva era tão relevante para o leigo quanto para o profissional; que, à sua maneira, era tão aplicável no mundo quanto no mosteiro. Essa diferença deixou sua marca nos nomes dos dois pontos de vista. Ambos se chamam *yanas*, "balsas" ou "barcos", pois os dois afirmam que levam as pessoas através do mar da vida até as praias da iluminação. O segundo grupo, porém, de acordo com sua doutrina de ajuda cósmica (graça) e sua relação mais ampla com os leigos, afirmou que o budismo era para as massas e, sendo assim, era o maior dos dois veículos. De acordo com esse ponto de vista, apropriou-se do nome *Mahayana*, a "Grande Balsa", *maha* quer dizer "grande", como em Mahatma (Grande Alma) Gandhi. Na medida em que o nome pegou, o outro grupo veio a ser conhecido, à revelia, como *Hinayana*, ou "Pequena Balsa".

Não exatamente contentes com essa designação injusta, o último grupo preferiu chamar o seu budismo de *Theravada, "O Caminho dos Anciões".* Ao fazer isso, retomou a iniciativa ao afirmar que representa o budismo original, ensinado pelo próprio Gautama. A afirmação se justifica se nos confinarmos aos ensinamentos explícitos do Buda conforme estão registrados nos primeiros textos, o Cânon Pali, pois no todo esses textos realmente sustentam a linha theravada. Mas esse fato não desencorajou os mahayanistas de reagir afirmando que são eles que representam a verdadeira linha de sucessão. Argumentam que o Buda ensinou mais eloqüente e profundamente pelo seu exemplo e pela vida que levou do que pelas palavras que o Cânon Pali registra. O fato decisivo sobre sua vida foi que ele não permaneceu no nirvana depois da sua iluminação, mas voltou para devotar sua vida aos outros. Como ele não criticou esse fato, os theravadins (atendo-se de forma estreita às primeiras palavras que ele disse, segundo os mahayanistas) fazem vistas grossas à importância da sua "grande renúncia", e isso faz com que eles interpretem essa missão de forma muito estreita.[1]

Podemos deixar as duas escolas com suas disputas acerca da sucessão apostólica; nossa preocupação não é julgar, mas compreender a posição que cada uma incorpora. As diferenças que aparecem até aqui podem ser sintetizadas nos seguintes pares de contrastes, se tivermos em mente que não são absolutos, mas denotam diferenças de ênfase.

1. No budismo theravada, o progresso cabe ao indivíduo e depende da sua compreensão e resoluta aplicação da vontade. Para os mahayanistas, o destino de todo indivíduo está ligado ao de toda a vida. Duas linhas de "O Encontro", de John Whittier, resumem esse último ponto de vista.

> *Não se encontra quem busca a si mesmo.*
> *A alma se perde se só se salva a si.*

2. O budismo theravada sustenta que a humanidade está sozinha no universo. Deus existe com tanta certeza quanto o sol e a lua, mas não é de nenhuma valia na conquista da libertação. Confiança em si mesmo é o único recurso.

> *Ninguém nos salva a não ser nós mesmos,*
> *Ninguém pode e ninguém tem permissão;*
> *Devemos trilhar o Caminho nós mesmos:*
> *Os Budas só mostram a direção.*

No budismo mahayana, em contraste, a graça é um fato. Podemos estar em paz porque um poder ilimitado direciona — ou, se se preferir, impulsiona — tudo à meta que se destina. Nas palavras de um famoso texto mahayana, "há um Buda em cada grão de areia".

3. No budismo theravada, o atributo supremo da iluminação é a sabedoria (bodhi), que significa uma profunda compreensão intuitiva sobre a natureza da realidade, as causas da ansiedade e do sofrimento e a ausência de um âmago separado da individualidade. Dessas percepções fluem automaticamente as Quatro Permanências Divinas: amorosa gentileza, compaixão, equanimidade e alegria pela felicidade e pelo bem-estar de outros. Pela perspectiva mahayana, *karuna* (compaixão) não pode ser computada como um fruto que vem automaticamente. Desde o começo, a compaixão deve ter prioridade sobre a sabedoria. A meditação concede um poder pessoal que pode ser destrutivo se a pessoa não cultivou deliberadamente uma relação compassiva com os outros como a principal razão da árdua disciplina a que se submeteu. "Um guardião serei para aqueles que não têm proteção", diz uma invocação mahayana típica, "um guia para o viajante, um navio, um poço, uma fonte, uma ponte para quem busca a outra margem". O tema foi elaborado com beleza pelo poeta e santo Shantideva:

> *Que eu possa ser um bálsamo para os doentes, aquele que os cura e os serve até que não haja mais doença;*
> *Que eu possa matar com chuvas de comida e de bebida a angústia da fome e da sede;*
> *Que eu possa ser, durante a fome do fim dos tempos, sua bebida e seu repasto;*
> *Que eu possa me tornar um infalível supridor dos pobres e os servir com as múltiplas coisas de que precisam.*
> *Do meu próprio ser e dos prazeres, de toda a integridade do meu passado, presente e futuro, abro mão indiferente,*
> *Para que todas as criaturas possam vencer as dificuldades até o fim.*[2]

4. A sangha (comunidade) Theravada tem tradicionalmente predisposição monástica, enquanto a sangha mahayana busca tradicionalmente evitar privilegiar espiritualmente os monges sobre os leigos. Os mosteiros (e, em grau menor, os conventos) são dínamos espirituais em terras onde o budismo theravada predomina, lembrando a todos uma verdade maior por trás da realidade visível.

Aos monges e monjas — apenas parcialmente isolados da sociedade porque dependem das pessoas da região para conseguirem sua única refeição diária, a qual é colocada na sua tigela de mendicância — é concedido grande respeito.

A veneração é estendida às pessoas que fazem votos monásticos por períodos limitados (uma prática que não é incomum) para praticar a meditação da atenção intensivamente. Na Birmânia e na Tailândia, "vestir a túnica" num retiro monástico de três meses, marca virtualmente a passagem do homem à vida adulta. O budismo mahayana, ao contrário, é uma religião para leigos. Normalmente, até mesmo os sacerdotes se casam, e deles se espera que façam do serviço para os leigos sua principal atenção.

5. Conclui-se por essas diferenças que o tipo ideal projetado pelas duas escolas será diferente, ao menos aparentemente. Para os theravadins, o ideal é o arhat, o discípulo aperfeiçoado que, caminhando como um rinoceronte solitário, pôs-se na trilha do nirvana e, com pródiga concentração, prossegue em direção à sua meta sem se desviar. O ideal mahayana, pelo contrário, é o *bodhisattva*, "aquele cuja essência (*sattva*) é a sabedoria aperfeiçoada (bodhi)" — um ser que, tendo alcançado as fronteiras do nirvana, voluntariamente renuncia ao prêmio e, movido por compaixão, volta ao mundo para tornar o nirvana acessível aos outros. O bodhisattva deliberadamente sentencia a ele mesmo (ou ela — a mais amada de todos os bodhisattvas é a deusa da misericórdia, chamada na China de Kwan Yin) a uma longa vida de servidão para que outros, beneficiando-se indiretamente dos méritos acumulados dessa maneira, possam entrar no nirvana primeiro.

A diferença entre os dois tipos é ilustrada pela história dos quatro viajantes que, atravessando um imenso deserto, chegam a uma construção cercada por muros altos. Um dos quatro viajantes decide descobrir o que há lá dentro. Ele escala o muro e, quando chega ao alto, pula para o outro lado sem dizer palavra. O segundo e o terceiro fazem a mesma coisa. Quando o quarto viajante, uma mulher, chega ao alto do muro, vê um luxuriante oásis embaixo dela. Embora movida pelo desejo de saltar, ela resiste ao impulso. Pensando nos outros andarilhos que passarão por aquele caminho, ela desce para contar a eles e, depois a outros viajantes, sobre a sua descoberta. Os três primeiros eram arhats. A última era uma bodhisattva, alguém que jura não desertar este mundo "até que a própria grama esteja iluminada". ·

6. Essa diferença de ideal volta para dar cor à maneira como as duas escolas vêem o próprio Buda. Para uma, ele era essencialmente um santo. Para a outra, um salvador. Os theravadins o reverenciam como um sábio supremo que, por meio dos próprios esforços, despertou para a verdade e se tornou um mestre incomparável que traçou um caminho para eles seguirem. Um homem entre os homens, sua própria humanidade é a base da fé que os theravadins têm de que também eles têm o potencial para a iluminação. Mas a influência pessoal direta do Buda acabou com o seu *parinirvana* (entrada no nirvana depois da morte). Ele não sabe mais nada sobre esse mundo e está em perfeita paz. A reverência dos mahayanistas não se satisfaria com essa compaixão — extraordinária, sem dúvida, mas ainda assim humana. Para eles, o Buda era um salvador do mundo que continua a atrair as pessoas até ele "pelos raios das suas mãos de jóias". As amarras, as algemas, o sofrimento em todos os planos da existência, em todas as galáxias, em todos os mundos, são conduzidos em direção à libertação pelos gloriosos "raios de dons" do Senhor. Para os theravadins, um bodhisattva é aquele que se tornou um Buda. Para os mahayanistas, ele é um fazedor de Budas — alguém que ajuda outros a se tornarem Budas.

Essas são as principais diferenças, mas diversas outras podem ser mencionadas para completarmos o quadro. Enquanto os theravadins seguem seu fundador ao considerar dúbio o valor da metafísica, os textos mahayanas geram elaboradas imagens do mundo, repletas de céus e infernos compostos de muitos níveis.[3] Para os theravadins, a meditação não envolve oração de súplica a um poder superior, enquanto os mahayanistas, nas suas práticas de meditação introspectiva, acrescentam súplicas, rogos e pedem força espiritual e salvação em nome do Buda. Enquanto o budismo theravada permaneceu conservador a ponto de ter uma devoção quase fundamentalista aos primeiros textos em pali, o mahayana era liberal em quase todos os aspectos. Aceitou a autoridade de textos posteriores, era menos rígido na interpretação de regras disciplinares e acreditava muito nas possibilidades espirituais das mulheres e dos leigos em geral. Finalmente, o budismo theravada e o mahayana tendem a discordar sobre se o dualismo ou o não-dualismo é o conceito mais correto e preciso do Caminho. Adiaremos a reflexão sobre esse assunto sutil e espinhoso até o capítulo 11, "A Imagem da Travessia".

Assim, curiosamente, a religião que começou como uma revolta contra os ritos, a especulação, a graça e os fins sobrenaturais acabou com todos eles de volta ao seu seio com força total e com o seu fundador (que era ateu, no que concerne a um Deus pessoal) transformado em deus. Podemos esquematizar as diferenças que dividem os dois grandes ramos do budismo, se tivermos em mente que não são absolutas, conforme a seguir:

THERAVADA	MAHAYANA
Os seres humanos são emancipados por esforço próprio, sem ajuda sobrenatural.	As aspirações humanas são sustentadas por poderes divinos e pela graça que eles concedem.
Virtude chave: sabedoria.	Virtude chave: compaixão.[4]
A libertação é uma tarefa árdua. A vocação monástica é ideal para esse fim.	A libertação pode ser alcançada tanto por leigos quanto por monges e monjas.
Ideal: o arhat que atinge o nirvana.	Ideal: o bodhisattva que adia o nirvana indefinidamente para cuidar dos outros.
O Buda é um santo, mestre supremo e inspiração.	O Buda é um salvador.
Diminui a importância da metafísica.	Elabora a metafísica.
Diminui a importância do ritual.	Enfatiza o ritual.
A prática enfatiza a meditação e o estudo.	A prática inclui rituais elaborados e preces para pedir graças.

Das duas escolas, a mahayana tinha mais fiéis. Sua geografia cobria mais área no nordeste da Ásia do que a theravada cobria no sudeste e sua doutrina e flexibilidade foram capazes de abarcar uma ampla variedade de subescolas.

As diferenças que nos ocuparam até agora dizem respeito à doutrina, mas também há uma importante diferença sociopolítica entre o budismo theravada e o mahayana.[5] O theravada buscava encarnar uma característica do ensinamento do Buda que não foi mencionada até agora: sua visão de uma sociedade — uma civilização — fundada, como um tripé, na monarquia, na comunidade monástica e nos leigos, cada classe com responsabilidades com as outras duas e recebendo serviços delas em retorno. Países do sudeste asiático que até hoje continuam theravadins — Sri Lanka, Birmânia, Tailândia e Camboja — levaram a sério esse lado político da mensagem do Buda, e remanescentes desse modelo são possíveis de se discernir nessas terras até hoje. O interesse da China no budismo (que foi transmitido a outras terras que viriam a se tornar mahayanistas: Coréia, Japão e Tibete) ultrapassou suas dimensões sociais, que incluíam educação e também política. Nos países do leste da Ásia, o budismo aparece como um enxerto. Missionários budistas convenceram os chineses de que tinham alcançado profundidades psicológicas e metafísicas que os sábios chineses não haviam mensurado. Mas Confúcio tinha pensado muito sobre a ordem social, e os chineses não iriam ouvir discursos de estrangeiros sobre esse assunto. Assim, a China descontou as propostas políticas do Buda e tomou da sua doutrina seus componentes psicoespirituais e ecos cósmicos. O mundo ainda espera por uma história do budismo que conte sobre sua divisão em theravada e mahayana em termos de como (por motivos geográficos e históricos) a linha theravada permaneceu fiel à visão do seu fundador de uma civilização budista, e o ramo mahayana se tornou uma "religião" que é parte, apenas, de civilizações cujas fundações sociais já tinham sido cimentadas.[6]

As diferenças entre as doutrinas theravada e mahayana parecem ter suavizado com o passar dos séculos. Logo depois da Segunda Guerra Mundial, dois jovens alemães, desiludidos com a Europa, foram ao Sri Lanka para dedicarem suas vidas ao caminho pacífico do Buda. Ambos se tornaram monges theravadins. Um deles, que mudou seu nome para

Nyanaponika Thera, continuou naquela trilha. Mas o outro, enquanto fazia uma viagem turística ao norte da Índia, conheceu alguns tibetanos, adotou sua tradição e ficou conhecido no Ocidente como Lama Govinda. No fim da vida de Nyanaponika, um visitante perguntou a ele sobre os diferentes budismos que os dois amigos abraçaram. Com grande serenidade e doçura o idoso theravadin respondeu: "Meu amigo citou o Juramento do Bodhisattva como o motivo para mudar para o budismo mahayana, mas não consegui enxergar a força do seu argumento, pois se uma pessoa transcende a centralização no eu totalmente, como o arhat procura fazer, o que mais resta, a não ser compaixão?"

8

≈ ≈ ≈

VIPASSANA:
O Caminho Theravadin da Introvisão

Ainda restam dois aspectos do budismo theravada[1] que não poderiam ser adequadamente abordados no levantamento anterior dos ensinamentos originais do Buda: a íntima identificação do budismo theravada com um corpo de literatura conhecido como o Cânon Pali e com *vipassana*, o modo básico de meditação theravada.

O Cânon Pali. A reivindicação do budismo theravada de ser a escola mais próxima dos ensinamentos originais do Buda deriva em grande parte da sua relação com a literatura conhecida como Cânon Pali. Menos de um ano depois da morte do Buda, centenas de monges se reuniram perto da cidade de Rajagriha para recitar e verificar seus ensinamentos. Nesse Primeiro Conselho Budista, Ananda, a sombra do Buda e seu secretário durante praticamente os quarenta e cinco anos da sua carreira de professor, foi o primeiro a falar. Desfiando uma prodigiosa memória, diz-se que ele recitou textualmente todos os sermões que o Buda tinha feito. O resultado foi o Sutta Pitaka, a "cesta" (*pitaka*) de "discursos" (*sutta*). Outro monge, Upali, recitou todo o código de regras que o Buda tinha criado para guiar a conduta dos monges e monjas. O resultado foi o Vinaya Pitaka, o "cesto da disciplina". Esses dois "cestos" de ensinamentos foram decorados pelos outros e transmitidos oralmente durante muitos séculos (a escrita era quase sempre reservada para assuntos comerciais). Algumas comunidades budistas se contentaram com os dois cestos; outras criaram um terceiro, chamado Abhidhamma,[2] tecido com as listas resumidas e sistematizadas dos ensinamentos encontrados nos seus discursos. Quando todo o cânon estava finalmente escrito (em folhas de palmeira guardadas em cestos), talvez por volta de 100 a.C., a linguagem que tinha sido usada foi o pali, um vernáculo derivado do sânscrito. Se a própria língua do Buda não era o pali, era provavelmente uma antiga forma do dialeto magadhi (no qual os famosos editos do rei Asoka foram escritos, veja capítulo 13), com o qual o pali tem uma semelhança próxima.

O Cânon Pali, portanto, é a primeira forma escrita dos ensinamentos do Buda, registrados numa língua semelhante à que ele falava. Não é surpreendente que os theravadins o considerem um tesouro, nem que, no seu ponto de vista, a sangha tenha duas tarefas principais, a "tarefa de vislumbre intuitivo" — a prática da meditação — e a "tarefa do livro" — aprender e pregar conforme as informações das escrituras em palis. "Mesmo que haja cem ou mil monges praticando a meditação de vislumbre intuitivo, se não houver estudo, nenhum deles perceberá o Nobre Caminho", diz um comentário pali.[3] Ou como certa vez um monge colocou: "Buscar a libertação somente por meio da meditação, sem estudo, é como escalar o Monte Everest com um só braço."

O budismo theravada chegou à ilha de Sri Lanka nos primeiros duzentos anos depois da morte do Buda, por meio de uma missão liderada pelo filho do rei Asoka, Mahinda. O rei do Sri Lanka, Tissa, abraçou o Caminho budista, construiu um grande mosteiro na sua capital, Anuradhapura, apoiou a disseminação dos ensinamentos pela ilha e, poucos anos depois, recebeu a irmã de Mahinda, Sanghamitta, para fundar um convento de monjas budistas.[4]

A reputação conservadora do budismo theravada nasceu das tentativas de fazer distinção entre os ensinamentos budistas e as crenças nativas da ilha e das ondas de influência hindu e do budismo mahayana que ocasionalmente quebravam naquelas praias.

A escola theravada também chegou à Birmânia por volta da mesma época em que chegou ao Sri Lanka, e gradualmente uma sinergia se desenvolveu. Ao redor do final do século 10 d.C., por exemplo, a guerra tinha extinto o budismo no Sri Lanka, e um contingente de monges birmaneses teve de ser importado para reacender a chama da religião. O budismo theravada birmanês e do Sri Lanka se apoiavam mutuamente, e quando o budismo se extinguiu na Índia no século XI, ele já tinha estabelecido raízes nesses países. Gradualmente, a forma theravada de budismo se espalhou para a Tailândia, o Laos e o Camboja.

As inovações do budismo mahayana (capítulo 7) incluíram a escrita de novas escrituras além do Cânon Pali. Os theravadins sempre consideraram isso de forma cética. Afinal, o Buda já estava morto há muito tempo e um registro completo dos seus ensinamentos já estava compilado no Cânon Pali. Aos olhos dos theravadins, portanto, a criatividade mahayanista ameaça distorcer os ensinamentos do Buda e transformá-los em algo que ele nunca tencionou. (A resposta mahayanista, é claro, é que o enfoque que os theravadins dão ao registro dos ensinamentos fere um pouco o seu espírito.)

Meditação Vipassana. A forma de cultivo mental praticada pelos budistas theravadas se tornou conhecida de forma geral como *vipassana*, traduzida grosseiramente como "vislumbre intuitivo", ou "visão penetrante".[5]

No *Dhammapada*, o Buda aconselha:

> *Conforme os irrigadores fazem a água ir aonde querem,*
> *Como os arqueiros fazem suas flechas retas,*
> *Conforme os carpinteiros entalham a madeira,*
> *Os sábios dão forma à sua mente.*[6]

Assim aconselhados, os theravadins iniciaram o trabalho de moldagem vipassana com o esforço de aumentar sua capacidade de concentração prolongada. No início de um treinamento típico, o praticante da meditação é instruído a fixar sua atenção em um único objeto, mais comumente, a respiração. A instrução pode soar como algo a seguir: "Foque toda a sua atenção na inspiração e na expiração. Tente manter aí sua atenção sem distração. Se você se distrair, retorne calmamente a atenção à sua respiração e comece de novo." O praticante deve seguir essa instrução hora após hora por alguns dias.

O termo pali para esse treino de concentração é *samatha*, "tranqüilidade". A idéia é que quando se treina a atenção para se estar consciente de um único objeto, a concentração se aprofunda e a costumeira turbulência da mente se dissipa. Inicialmente, como a superfície instável de um lago batido de vento, a mente gradualmente se torna mais como a superfície do lago num dia sem vento.

Samatha, esse cultivo da calma via concentração, não se limita à escola theravada, mas é algo como um denominador comum entre as tradições de meditação budistas. O historiador Rick Fields identifica samatha como *a* meditação básica do budismo e relata que quase todas as escolas recomendam começar com alguma das suas formas.[7] Na tradição theravada, porém, samatha não é um fim em si, mas uma passagem para mais trabalho de meditação. Sem alguma medida de samatha, é impossível se ir além. Com ela, no entanto, duas possibilidades alternativas se abrem: *jhana* e vipassana. Esquematicamente:

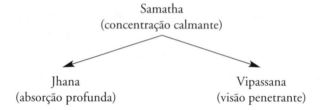

Jhanas são estados profundos de absorção que podem ser induzidos ao se acalmar a mente. A concentração necessária para se alcançar esses extraordinários estados mentais se relaciona obviamente com os dois últimos passos do Caminho Óctuplo, mas se os jhanas criarem apego, podem ser prejudiciais. Professores theravadins contemporâneos não os encorajam, e é crença bastante comum que os jhanas não são condições nem suficientes, nem necessárias para a libertação. O já mencionado Nyanaponika Thera, um dos grandes monges estudiosos theravadins do século XX e autor do livro *The Heart of Buddhist Meditation*, tinha essa opinião. Poucos anos antes da sua morte, ele deu a seguinte entrevista:

> Entrevistador: *As escrituras em pali contam sobre a habilidade que o Buda tinha de entrar em jhana à vontade e se mover entre o que há de mais raso e de mais profundo. Essa capacidade também era atribuída a arhats da primeira tradição. Nos seus sessenta anos como monge na Birmânia e no Ceilão, o senhor conheceu alguém com a agilidade descrita nos textos canônicos?*

Nyanaponika: *Bem, uma vez conheci um monge na Birmânia que tinha atingido alguns níveis de jhana, quantos não sei dizer. Mas eles não são necessários.*

Entrevistador: *Não são necessários?*

Nyanaponika: *Creio, e meu professor Nyanatiloka também acreditava que até mesmo para se chegar ao estágio final de introvisão e à purificação completa da mente (isto é, a libertação), não é necessário se desenvolver nem o primeiro jhana.*[8]

O ceticismo sobre o valor de libertação dos jhanas é parcialmente enraizado na história de Gautama anterior à sua iluminação, quando ele dominou os mais elevados jhanas enquanto meditava com seus dois primeiros professores de meditação. Quando o futuro Buda descobriu que esses estados refinados podiam *suspender temporariamente, mas não erradicar,* os três venenos — ignorância, anseio e aversão —, ele os abandonou, dizem as escrituras, "desgostoso".[9] O comentarista budista Sangharakshita também avisa que ficar "preso" num estado superconsciente sem compreender a necessidade de se desenvolver a introvisão não é uma bênção para o budismo, mas um "desastre irrestrito".[10]

O uso mais produtivo de samatha — de novo, concentração que acalma a mente —, de acordo com a tradição theravada, não é o de um trampolim para os jhanas, mas o de uma plataforma para a vipassana, um tipo especial de auto-observação ou empirismo interior que produz "visão penetrativa". Antes de prosseguirmos com a descrição de vipassana, apressamonos a acrescentar que é construída sobre a samatha, mas não a substitui. As duas funcionam juntas, reforçam uma à outra. De acordo com a tradição theravada, é a ação *combinada* da concentração (samatha) com a introvisão (vipassana) que descobre o caminho da liberdade.

Mas o que *é* vipassana? Se for "visão penetrante", exatamente para o que está olhando? A melhor maneira de se responder a essa pergunta é consultar, no *Satipatthana Sutta* do Cânon Pali, "O Discurso sobre os (Quatro) Causadores da Atenção", o qual tem sido descrito como o mais importante discurso do Buda sobre desenvolvimento mental. As palavras de abertura são apropriadamente auspiciosas:

"Esse é o único caminho, ó bhikkhus, para a purificação dos seres, para a superação da tristeza e dos lamentos, para a destruição do sofrimento e da dor,

para se alcançar o caminho correto, para a obtenção de Nibbana, isto é, os Quatro Causadores de Atenção."[11]

Nesse discurso, o Buda orienta um aluno com a consciência fortificada pela samatha a observar um dos *quatro campos,* ou mais. Os dois primeiros campos são físicos, os dois outros, mentais — embora seja axiomático no budismo que "corpo" e "mente" se condicionam e são inerentes um ao outro. A libertação só pode ser trabalhada no laboratório do corpo e da mente de cada pessoa, nas realidades imediatas das nossas experiências físicas e mentais.

"*Isso eu declaro, ó amigo*", disse o Buda,

"*dentro desse corpo, de um metro e oitenta, dotado de percepção e cognição, está contido o mundo, a origem do mundo, o fim do mundo e o caminho que leva até o fim do mundo.*"[12]

O *primeiro campo* da visão penetrante é chamado simplesmente de *corpo (kaya)*. Antes de citarmos exemplos da consciência física contida no Sutta, seria útil pararmos um momento para apreciarmos totalmente o que acontece aqui. A meditação, vista de fora, tende a parecer exclusivamente "mental". Afinal, na meditação o corpo, normalmente associado ao movimento, fica imóvel. Além do mais, como a meditação é comumente associada ao vago termo "espiritualidade", ela é por vezes impregnada das conotações negativas do termo com relação ao corpo. Portanto, aqueles que não experimentaram o treinamento da meditação budista dificilmente poderiam supor o quanto está intimamente ligada à consciência do próprio corpo. O corpo pode ser a sede da nossa prisão, mas também é o meio da nossa libertação. Assim, não é surpreendente encontrar o Buda sugerindo que o fato de termos nascido num corpo humano é uma das três coisas pelas quais devemos agradecer diariamente.

De fato, não se exagera quando se diz que a meditação budista é o treinamento da correta consciência física que dura a vida toda. A importância disso justifica duas citações. A primeira é do "Dizeres dos Monges", do Cânon Pali: "Se o Buda me concedesse uma graça, e eu pudesse obter essa graça, eu pediria, para todo o mundo, consciência do corpo."[13] A segunda é do próprio Buda:

"*Uma coisa, ó monges, desenvolvida e repetidamente praticada, leva à obtenção da sabedoria: é a contemplação do corpo.*"[14]

O sutta cita seis exemplos de atenção do corpo: (1) *Atenção na respiração*. (2) *Atenção nas posturas básicas do corpo* (quando você está de pé, perceba isso; quando você está sentado, perceba isso; quando você está deitado, saiba disso; quando você está mudando de uma posição para outra, tenha consciência disso). (3) *Atenção na constante mudança da atividade física* (perceba que está agora olhando para a frente, agora por cima dos ombros, agora para os lados. Esteja consciente de que agora você está se curvando, agora se espreguiçando, agora sentado de um jeito, depois de outro, agora se coçando, agora mastigando, depois engolindo, agora bebendo, agora urinando, e assim por diante). (4) *Atenção na saúde do corpo* — um exercício muito pouco compreendido. O corpo (como vimos) é o próprio laboratório da libertação. Mas o trabalho interior pode ser facilmente impulsionado pelo narcisismo físico comum, ao qual muitos seres humanos estão sujeitos. O Buda prescreveu um antídoto para isso. Ele dizia, com efeito, para imaginar quantos amigos você teria se fosse virado do avesso! Compreenda que o corpo é, de muitas maneiras, um malcheiroso saco de lixo: cabelos, unhas, pus, bile, sangue, flegma, muco, suor, gordura, urina, fezes e assim por diante. (5) *Atenção nos elementos materiais (terra, ar, água, fogo), dos quais o corpo é composto.* Esse exercício estimula a consciência analítica do corpo como um campo que algumas vezes se sente leve, outras pesado; algumas vezes, quente, outras frio; algumas vezes relaxado, outras tenso, etc. (6) *Atenção na inevitável decadência do corpo.* É recomendável observar corpos apodrecendo nos crematórios — com o mesmo propósito do quarto exemplo acima.

O *segundo campo* da visão penetrante também é no corpo. Mas se os objetos físicos eram relativamente mais grosseiros no primeiro campo, aqui, no segundo, são mais sutis. Esse é o campo das *sensações físicas (vedana)*. Pede-se ao praticante de meditação que esteja bem e firmemente atento às sensações físicas que surgem em momentos sucessivos em várias partes do corpo, percebendo se são agradáveis, desagradáveis ou neutras. O objetivo não é viver uma experiência após outra, mas simplesmente ficar consciente do que — de maneira equânime, ou seja, sem reagir — está realmente acontecendo num nível cada vez mais sutil da sensação física. Ao trabalhar esse campo, percebe-se indelevelmente que os eventos físicos e mentais se co-produzem. Conforme as emoções e os pensamentos surgem na mente, sensações surgem no corpo, e vice-versa. O espaço relativamente pequeno que o sutta dá a esse segundo campo — sensações físicas — está na proporção inversa à sua importância real, pois conforme o próprio Buda afirmou:

"O iluminado se libertou ao ver o surgir e o passar das sensações como elas realmente são."[15]

O *terceiro campo* é a *mente*. Do mesmo modo que o primeiro campo físico representa os estados gerais do corpo, aqui, "mente" se refere aos estados mentais gerais, ou o que poderia se chamar de disposições. O praticante de meditação é solicitado a ficar constantemente atento à mente naquele momento, percebendo se ela está dispersa ou concentrada, flutuante ou pesada, turbulenta ou calma, preocupada ou confiante, confusa ou clara, e assim por diante. De novo, o objetivo não é estar nesse ou naquele estado, mas simplesmente perceber quais qualidades mentais estão de fato presentes e que mais cedo ou mais tarde elas mudam.

O *quarto campo* é *objetos da mente*, ou seja, os pensamentos. Os budistas entendem a mente como o sexto sentido. A mente produz pensamentos da mesma maneira que o corpo percebe sensações. Os pensamentos são, com efeito, sensações mentais. Ao ilustrar o quarto campo, o sutta não escolhe descrever a infinita variedade de pensamentos que podem surgir na nossa mente. Em vez disso, lista fórmulas-chave budistas, como as Quatro Nobres Verdades (capítulo 4), os Cinco Obstáculos,[16] os Cinco Skandhas (capítulo 4) e os Sete Fatores da Iluminação.[17] O ponto principal parece ser o seguinte: com a prática da atenção adiantada, é conveniente se observar a proximidade que aquilo que se está vivendo tem com as principais doutrinas do Caminho. Esses objetos mentais fornecem, portanto, um tipo de aprofundamento analítico e confirmação teórica da matéria-prima da observação meditativa de outros campos.

Os professores theravadins trabalham de modo diferente com esses quatro campos, mas concordam que o que deve ser exaustivamente visto de forma penetrante, até que entre em nossos ossos, é que todos os eventos físicos e mentais mostram as três marcas da existência — impermanência, impossibilidade de existir por si mesmo e insatisfação. A vipassana, então, não é nada além de ver, com graus de consciência que se aprofundam e equanimidade, que todos os fenômenos são assim marcados. As palavras do discípulo do Buda, Sariputta, captam o sentido do processo:

"Aquelas verdades, sobre as quais eu antes apenas ouvira, agora eu me demoro, tendo-as vivido diretamente dentro do corpo e as observo com introvisão penetrante."[18]

A introvisão que vai progressivamente se aprofundando nas três marcas do processo mental e físico que constituem o "eu" é uma das três chaves de acesso ao poder libertador da vipassana. A outra chave está não *no que* a vipassana vê, mas *como,* isto é, *com equanimidade* — ou seja, de maneira não-arbitrária e não-reativa. Sob a ótica budista, todos os nossos hábitos físicos e mentais — e o "eu" que criam — se cristalizam por meio da sua repetição e da identificação não-pensada que temos com eles. A prática de sentar-se imóvel nos faz vivamente conscientes das inúmeras e incessantes maneiras pelas quais esses hábitos clamam e lutam para se expressar. Assim se fica resolutamente consciente dessas amarras e, ainda assim, permanecendo serenos, sem nos identificarmos com elas e sem reagirmos a qualquer uma delas, afrouxamo-las, aliviamos sua pressão e gradualmente as enfraquecemos. Numa palavra, a tranqüilidade meditativa desfaz o condicionamento.

Enquanto as antigas maneiras de conduta do praticante de meditação são erodidas, novos modos de conduta vão se moldando sob a influência dos ideais éticos do Caminho. Descobrem-se novos domínios de liberdade interna, claridade e sentimentos semelhantes. Às vezes, até mesmo se produz um brilho perceptível aos outros, conforme a seguir:

"Uma noite, depois que o venerável Sariputta emergiu de um dia de meditação, ele foi até o venerável Anuruddha. Após ter trocado com ele saudações cordiais e amigáveis, ele disse: 'Teu semblante está radiante, amigo; teu rosto, iluminado, tua compleição, pura. Onde está a tua mente?'

Anurudda respondeu: 'Sempre estou com a mente firmemente estabelecida nas quatro fundações da atenção.'"[19]

Tem-se dito que a vipassana está presente em todas as tradições de meditação budistas, mas, se for assim, não é fácil de ser detectada.[20] A seqüência samatha-vipassana e o aperfeiçoamento da vipassana dentro de um ou mais de um dos quatro campos de atenção parecem ser características distintivas da tradição theravada do aperfeiçoamento mental.

Há um aspecto final da meditação vipassana a que devemos dar atenção. Sua prática claramente requer que se observe o processo físico e mental com certa objetividade desinteressada. Para o observador casual, isso pode parecer "insensível". Mas a verdade é que a meditação budista concerne muito a nossos sentimentos e emoções. O Buda não buscava suprimi-los, mas refiná-los. O caminho da meditação não termina em torpor, mas em emoções que produzem as formas mais puras e duráveis de felicidade humana. A meditação vem a ser um treinamento de *inteligência emocional*, conforme o sentido atual da frase.

O programa de inteligência emocional da vipassana não é fácil. Ele exige que se encare inflexivelmente os males físicos e as dores emocionais que tendem a surgir quando o praticante se tranca no laboratório que é a postura de meditação. Mas esse sofrimento enternece o coração. Pode-se ver, talvez pela primeira vez, que nossos males não são verdadeiramente "nossos", mas pertencem *necessariamente* a cada criatura apegada a um mundo que desilude toda forma de apego. Com o coração enternecido, o Buda nos diz para *amarmos uns aos outros*, para irradiarmos amabilidade amorosa (*metta*) a todos os seres sencientes: "Ó monges, não importa quantos tipos de mérito mundano haja, todos eles não valem a décima sexta parte da doação do amor do coração (metta); em brilho, alegria e irradiação, a doação de amor do coração em muito os excede."[21] O *Metta Sutta* aconselha:

> *(Que o habilidoso pense desta maneira:)*
> *Em segurança e em bem-aventurança,*
> *Que todas as criaturas possam ter um coração bem-aventurado.*
> *Que qualquer ser que respire possa ser,*
> *Não importa se frágil ou rijo,*
> *Sem nenhuma exceção, seja comprido ou grande,*
> *Ou tenha tamanho médio, ou seja baixo ou pequeno,*
> *Ou robusto, e também os seres visíveis e os invisíveis,*
> *Ou os que estão perto, bem como os que estão longe,*

Que existem ou buscando existir,
Que todas as criaturas possam ter um coração bem-aventurado.
Que ninguém colabore para a ruína do outro,
Nem mesmo o desrespeite, em qualquer lugar;
E que nunca deseje o mal ao outro
Por provocação ou pensamento ressentido.
E da mesma maneira que uma mãe, que com sua vida
Protege seu filho único,
Deixe-o, pois todas as criaturas vivas
Mantêm consciência ilimitada de ser,
Acima, abaixo e em todo o lugar,
Imperturbáveis, sem inimigos ou adversários.
E enquanto ele pára ou anda, ou enquanto senta
Ou se deita, livre de torpor,
Deixe-o esclarecer essa consciência.[22]

Metta é uma Permanência Divina, um paraíso na terra. Não é o único. O Buda enumerou quatro Permanências Divinas, quatro condições nas quais o sentimento humano evita a prisão do "eu", "me" e "meu" para encontrar realização numa escala ilimitada. As outras três são compaixão (karuna), alegria pela boa sorte dos outros (*mudita*) e equanimidade (*upekkha*), a versão budista da "paz que ultrapassa toda a compreensão". Esses quatro estados mentais são chamados de ilimitados porque se estendem a outros sentimentos que não são ligados por nenhum tipo de diferença social.

(Numa) direção do mundo, do mesmo modo na segunda,
Do mesmo modo na terceira, do mesmo modo na quarta, e também
acima, abaixo, ao redor e em todo lugar e para todos como para ele mesmo, ele habita inundando o universo inteiro com uma mente de amorosa cortesia, uma mente de compaixão, uma mente de alegria simpática, uma mente de equanimidade, com uma mente que se tornou grande, elevada e livre de inimizade e má vontade.[23]

Uma maneira de sintetizar este capítulo é dizendo que o Caminho Theravada da Introvisão busca fazer do aspirante um clone da total humanidade do Buda. O Buda não é nem um princípio cósmico encarnado, nem um salvador, mas um mortal cuja própria coragem moral, disciplina de meditação, intelecto investigador e coração gentil podemos possuir. Dois dizeres do Buda, acima de todos os demais, captam esse legado:

> *Abster-se do mal*
> *Realizar o bem,*
> *Purificar a mente,*
> *Esse é o ensinamento de todos Aqueles que Despertaram.*[24]

> *Da mesma maneira que o oceano tem um sabor, o sabor do sal, também minha Doutrina e Disciplina têm um sabor, o sabor da liberdade.*[25]

9

ZEN-BUDISMO:
O Segredo da Flor

No Ocidente, o estudo formal do budismo começou na Grã-Bretanha com o budismo theravada e a fundação da Pali Text Society, mas nos Estados Unidos começou com o zen. Isso se deve em grande parte à iniciativa de Paul Carus, que, fortemente ligado ao budismo, virtualmente adotou um jovem e produtivo budista japonês, D. T. Suzuki (de quem ouviremos mais na segunda metade deste livro), e o trouxe para os Estados Unidos para traduzir os clássicos budistas, enquanto vivia com a família Carus. Carus fundou a Open Court Publishing Company para publicar o prodigioso trabalho do seu protegido e, como a linha de Suzuki era o zen, foi basicamente nessa forma que, no começo do século XX, o budismo chegou aos Estados Unidos.

Como o zen é um estilo primariamente japonês que fincou raízes nos Estados Unidos, esse será o estilo com o qual será apresentado aqui.[1] Devemos lembrar os leitores, porém, que zen não é nada além da tradução japonesa da palavra chinesa *ch'an* e que virtualmente tudo o que está escrito neste capítulo poderia, por assim dizer, estar escrito em chinês.

Como as outras seitas mahayanas, o zen traça suas origens, através da China, até o próprio Gautama. Segundo o zen, seus ensinamentos, os quais formam o Cânon Pali, eram verdadeiros, mas provisórios. Seus seguidores mais sensíveis ouviram na sua mensagem um ensinamento mais sutil, uma verdade definitiva. O exemplo clássico disso está relatado no famoso "Sermão da Flor", do Buda. De pé numa montanha com os discípulos ao seu redor, o Buda não recorreu a palavras nessa ocasião. Ele simplesmente ergueu um lótus dourado. Ninguém entendeu o significado desse gesto eloqüente, a não ser Mahakasyapa, cujo sorriso discreto, indicando que ele tinha entendido o sentido, fez o Buda o designar como seu sucessor. A lenda nos conta que o lampejo intuitivo que o fez sorrir foi transmitido na Índia por vinte e oito patriarcas e levado para a China por Bodhidharma, em 520 d.C. De lá se espalhou pela Coréia e chegou ao Japão no século XII, levando o segredo do zen.

Penetrar no zen é como entrar do outro lado do espelho, como Alice. Nós nos encontramos num país das maravilhas onde tudo parece um tanto louco — fascinantemente de louco na sua maior parte, mas louco de qualquer modo. É um mundo de diálogos confusos, enigmas obscuros, paradoxos atordoantes, contradições flagrantes e falsas conclusões abruptas, todos apresentados no estilo mais urbano, alegre e inocente que se possa imaginar. Eis alguns exemplos:

Um mestre, Gutei, sempre que lhe perguntavam qual o significado do zen, erguia o dedo indicador. Isso era tudo. Um outro chutava uma bola. Outro ainda batia em quem tinha perguntado.

Um mestre zen diz: o coração é o Buda; esse é o remédio para as pessoas doentes. Sem coração, sem o Buda: isso é para pessoas que estão doentes por causa do remédio.

Um discípulo que fez uma alusão respeitosa ao Buda recebeu a ordem de lavar a boca e nunca pronunciar aquela palavra suja de novo.

Um mestre zen do século XX disse: há Buda para aqueles que não entendem o que ele é de fato. Não há Buda para aqueles que entendem o que ele é de fato.

Alguém que afirmava compreender o budismo escreveu a seguinte estrofe:

O corpo é a Árvore Bodhi;
A mente, um espelho brilhante.
Preste atenção para tê-lo sempre limpo,
E não permita que nele brilhe nenhuma poeira.

Ele foi imediatamente corrigido por uma quadra oposta, a qual foi aceita como a verdadeira posição zen:

A árvore Bodhi não existe;
Nem o espelho brilhante.
Se a primeira não existe,
Como pode a poeira pousar?

Um monge se aproxima de um mestre dizendo: "Acabo de chegar a este mosteiro. Você poderia, por favor, me instruir?" O mestre pergunta: "Você já tomou seu desjejum?" "Já." "Então vá lavar sua tigela." O monge desperta.

Um grupo de mestres zen, reunidos numa conversa, está se divertindo dizendo que o budismo não existe, nem a iluminação, nem qualquer coisa, mesmo que remotamente semelhante ao nirvana. Eles armam armadilhas um para o outro, tentando enganar alguém para que ele faça uma afirmação que possa implicar o contrário. Experientes como são, invariavelmente evitam as armadilhas e as tocaias, e toda vez que isso acontece todo o grupo explode numa gloriosa e estremecedora gargalhada.

O que está acontecendo aqui? É possível perceber qualquer sentido no que parece ser à primeira vista brincadeira rude, se não um logro direto? Eles podem estar falando sério com esse tipo de conversa espiritual dúbia, ou estão simplesmente nos provocando?

A resposta é que estão falando totalmente a sério, embora seja verdade que raramente de forma solene. E apesar de não podermos esperar compreender totalmente sua perspectiva, e sendo parte da essência zen que isso não pode ser colocado em palavras, podemos sugerir a que se destinam.

Vamos admitir no início que até mesmo isso será difícil, pois devemos usar palavras que falam sobre uma posição que é plenamente consciente das suas limitações. As palavras ocupam um lugar ambíguo na vida. São indispensáveis à nossa humanidade, pois sem ela estaríamos grunhindo saudações. Mas elas também podem nos enganar, ou pelo menos iludir, fabricando uma realidade virtual que cobre a que existe de verdade. Uma mãe pode se enganar a respeito do amor que julga sentir pelo filho porque se dirige a ele de forma carinhosa. Uma nação pode julgar que a expressão "sob Deus" no seu Voto de Aliança mostra que seus cidadãos acreditam em Deus, quando tudo o que realmente demonstra é que eles crêem em *acreditar* em Deus. Com todos os seus usos admitidos, as palavras têm três limitações. Na pior das hipóteses, constroem um mundo artificial no qual os sentimentos reais são camuflados e as pessoas reduzidas a estereótipos. Segundo, mesmo quando suas descrições são razoavelmente precisas, as descrições não são as coisas descritas — o menu não é o prato. Finalmente, conforme enfatizam os místicos, nossas experiências mais elevadas evitam as palavras quase que totalmente.

Toda religião que desenvolveu um pouco de sofisticação semântica reconhece até certo ponto que as palavras e o raciocínio não apreendem a realidade, isso quando não a distorcem. Não importa o quanto os racionalistas possam regatear o fato, o paradoxo e aquilo que está além do racional são o sangue vital da religião, da mesma forma que são o sangue vital da arte. Os místicos de todas as fés relatam os contatos que fizeram com um mundo que os surpreende e os transforma, um mundo que não pode ser investigado pela linguagem. O zen está fundamentado nesse campo, sua única singularidade é que ele faz do rompimento com a língua seu principal objetivo.

Apenas se mantivermos esse fato em mente teremos uma chance de compreender esse ponto de vista, que em alguns aspectos é a mais estranha expressão da religião madura. Foi o próprio Buda, de acordo com a tradição zen, quem primeiro demonstrou isso ao recusar, no "Sermão da Flor", igualar sua descoberta experimental à expressão verbal. O Bodhidharma continuou essa tradição ao definir o tesouro que ele trazia para a China como

Uma transmissão especial que não consta nas escrituras.

Sem dependência de palavras ou letras,
Uma visão direta da própria natureza de cada um.

Isso é tão incomum na religião como é geralmente compreendida que soa como uma heresia. Pense no hinduísmo com os Vedas, no confucionismo com seus Cinco Clássicos, no judaísmo com a Tora, no cristianismo com a Bíblia, no islamismo com o Alcorão. Todas se definiram tranqüilamente como transmissões especiais *por meio* das suas escrituras. E o zen também tem seus textos. São entoados nos seus mosteiros de manhã e à noite. Além dos Sutras, que compartilha com outros ramos do budismo, o zen tem seus próprios textos: o *Hekigan Roku*, o *Mumonkan* e outros. Mas uma olhada nesses textos característicos revela o quanto diferem dos outros. Quase que inteiramente, insistem em enfatizar o fato de que o zen não pode ser igualado a nenhuma fórmula verbal. Um relato após outro retrata discípulos interrogando seus mestres sobre o zen, e recebendo apenas um "Ho!" rugido como resposta. O mestre entende que por meio dessas perguntas, os buscadores tentam preencher o vazio da própria vida com palavras e conceitos em vez de preenchê-lo com realizações. Na verdade, os alunos têm sorte se conseguem se sair com objeções verbais. Quase sempre, uma chuva de pancadas era a réplica do mestre. Totalmente alheio ao conforto físico do aluno, o mestre recorre ao mais forçoso caminho que imagina para empurrar seus alunos para fora das suas rotinas mentais. Essas rotinas são assustadoramente controladoras, conforme atesta Aldous Huxley no único limerick* que compôs:

Droga!
Acho que sou
Uma criatura que caminha
Em sulcos bem definidos
Não sou nem mesmo um ônibus, sou um bonde!

---

*Damn!/I find that I am/A creature that struts/In well defined ruts/I'm not even a bus, I'm a tram!

Limerick é um poema humorístico de origem irlandesa. Tem cinco versos, dos quais o 1º, o 2º e o 5º rimam entre si, e o 3º e o 4º, entre eles. Aqui, minha tradução foi literal, privilegiando o sentido e não a forma. (N. do T.)

Como poderíamos esperar, essa única atitude com relação às escrituras é reproduzida na atitude zen com relação às crenças. Em contraste com a maior parte das religiões, que giram ao redor de algum tipo de crença, o zen se recusa a se encapsular numa redoma verbal. Não é "fundamentado em palavras escritas e (é) *fora* do padrão estabelecido de ensinamentos", para voltarmos à maneira com a qual Bodhidharma colocou a questão. A sinalização não é o destino; os mapas não são o terreno. A vida é rica e texturizada demais para ser arquivada em escaninhos, quanto mais ser igualada a eles. Nenhuma afirmação é algo além de um dedo apontando para a lua. E, caso a atenção se volte para o dedo, o zen notará, apenas para retirar imediatamente o dedo. Outras religiões consideram pecado a blasfêmia e o desrespeito pela palavra de Deus, mas os mestres zen podem ordenar aos seus discípulos que rasguem suas escrituras e evitem palavras como "Buda" ou "nirvana", como se fossem palavrões. Eles não têm a intenção de desrespeitar.[2] O que eles estão fazendo é forçar, por todos os meios que podem imaginar, a destruir as soluções dos seus noviços que são apenas verbais. "Nem todos os que me dizem 'Senhor, Senhor' entrarão no reino do céu" (Mateus 7:21). O zen não está interessado em teorias sobre a iluminação. Quer a coisa verdadeira. Assim ele berra, bate e faz reprimendas sem que haja a mínima má vontade. Tudo o que quer é que o aluno rompa a barreira da palavra. As mentes devem ser libertadas das suas amarras verbais e entrar num novo modo de compreensão.

Cada ponto pode ser afirmado diversas vezes, assim não devemos deduzir que foi dito que o zen abre mão da razão e das palavras totalmente.[3] Certamente, não está mais impressionado com as tentativas da mente de espelhar a realidade definitiva do que estava Kierkegaard com a metafísica de Hegel. Não importa o quanto um tijolo possa ser polido, ele nunca refletirá o sol. Mas não se conclui que o zen considera a razão como não tendo valor. Obviamente, ela nos ajuda a encontrar nosso caminho no mundo do dia a dia, um fato que levou os seguidores do zen a serem fiéis advogados da educação. Mas não mais que isso. Funcionando de formas especiais, a razão pode realmente ajudar a consciência a atingir sua meta. Se essas maneiras parecem usar um espinho para remover um espinho, devemos acrescentar que a razão também pode representar um papel interpretativo, servindo como uma ponte para unir um mundo recém-descoberto ao mundo do bom senso. Não há um único problema zen cuja resposta, uma vez descoberta, não seja de bom senso dentro da sua própria estrutura de referência; não há experiência que os mestres não desejem tentar descrever ou explicar, dada a própria circunstância. O ponto que se refere à relação do zen com a razão tem duas faces. Primeiro, a lógica e a descrição zen só fazem sentido a partir de perspectivas experimentais radicalmente diferentes do normal. Segundo, os mestres do zen estão determinados a fazer com que seus alunos vivam a própria experiência e a não permitir que o discurso tome o seu lugar.

Em nenhum local a determinação do zen sobre esse último ponto é mais evidente do que no método que ele adotou para sua própria perpetuação. Enquanto no ardiloso assunto de sucessão outras religiões se voltaram para orientações institucionalizadas, sucessão papal, ou doutrina de fé, o zen confiou seu futuro num estado específico de consciência que deveria ser transmitido diretamente de uma mente a outra, como a chama que passa de uma vela a outra, ou a água passada de um copo a outro. Nessa "transmissão da mente-Buda para a mente-Buda" que constitui a "transmissão especial", Bodhidharma afirmou estar a essência do zen. Durante alguns séculos essa transmissão interiorizada foi simbolizada pelo passar do manto e da tigela do Buda de um patriarca a outro, mas no oitavo século o Sexto Patriarca da China concluiu que até mesmo esse simples gesto era um passo em direção a confundir as formas externas com as realidades interiores e ordenou sua interrupção. Assim, há uma tradição que se centra na sucessão dos professores, cada qual a princípio herdou do seu mestre um estado mental análogo àquele do Gautama quando ele despertou em Mahakasyapa. A prática fica longe desse princípio, mas os números seguintes sugerem os passos que são tomados para mantê-la corretamente. O mestre do professor que instruiu um dos autores deste livro estimou que havia ensinado pessoalmente algo em torno de novecentos noviços. Desses, treze completaram o treinamento zen e quatro receberam a *inka* (autorização) — o que equivale dizer que foram confirmados como *roshis* (mestres zen) e autorizados a lecionar.

E qual é esse treinamento, pelo qual os aspirantes são levados à mente-Buda, que foi assim preservado? Nós podemos abordá-lo por meio de um dos três termos-chave: *zazen, koan* e *sanzen*.

Zazen quer dizer literalmente "meditação sentada". A parte central do treinamento zen tem lugar numa grande sala de meditação. Os visitantes ficam surpreendidos pelas aparentemente infindáveis horas em que os monges devotam a se sentar silenciosamente sobre duas plataformas compridas que se estendem ao longo da sala dos dois lados, seus rostos virados para o centro (ou para as paredes, dependendo de qual das duas linhas do zen o mosteiro for ligado).[4] Sua posição é a postura do lótus, adotada da Índia. Seus olhos ficam semifechados enquanto sua visão repousa fora de foco sobre as fulvas esteiras de palha onde se sentam.

E assim eles praticam, hora após hora, dia após dia, ano após ano buscando despertar a mente-Buda para que ela inunde suas vidas diárias. A característica mais intrigante desse processo é o uso que fazem de um dos mais estranhos recursos para treinamento espiritual que se encontra em qualquer lugar, o koan.[5] De forma geral, *koan* quer dizer "problema", mas os problemas que o zen delineia são fantásticos. À primeira vista, parecem nada menos que um cruzamento entre uma charada e uma piada comprida sem sentido intencional. Por exemplo:

> Um mestre, Wu Tsu, diz: "Deixe-me ilustrar isso com uma fábula: uma vaca passa por uma janela. Sua cabeça, os chifres e as quatro patas passam. Por que a cauda não passou?"

> Qual era a aparência do seu rosto antes de os seus ancestrais nascerem?

> Todos estamos familiarizados com o som de duas mãos batendo palmas. Qual é o som de uma mão batendo palma? (se você protestar dizendo que não se pode bater palmas com apenas uma mão, você vai para o fundo da classe).

> Li-ku, um oficial de alta patente da dinastia T'ang, perguntou a um famoso mestre ch'an: "Há muito tempo, um homem mantém um ganso

numa garrafa. Ele cresceu cada vez mais até que não podia sair mais da garrafa. O homem não queria quebrar a garrafa, nem queria machucar o ganso. Como você o tiraria de lá?"

O mestre ficou em silêncio por alguns momentos e então gritou:

— Ó oficial!

— Sim.

— Ele está fora!

Nosso impulso é considerar absurdos esses enigmas, mas isso não é permitido ao praticante do zen. Ele ou ela devem concentrar toda a força da sua mente na solução dos problemas, algumas vezes obstruindo a lógica deles, algumas vezes os recolhendo ao profundo interior da mente e esperando até que uma resposta aceitável surja, um projeto que, para um único koan, pode demorar tanto quanto uma dissertação de doutorado.[6] Durante esse tempo, a mente está intencionalmente trabalhando, mas em um nível muito especial. Nós, no Ocidente, confiamos tanto na razão que devemos nos lembrar que no zen lidamos com uma perspectiva que está convencida de que a razão é limitada e que deve ser suplementada com outra forma de conhecimento.

Para o zen, se a razão não é uma bola presa a uma corrente ancorando a mente à terra, é uma escada baixa demais para alcançarmos a altura total da verdade. Ela deve, portanto, ser ultrapassada, e é justamente a atingir essa meta que os koans se destinam. Se parecem escandalosos para a nossa razão, devemos nos lembrar que o zen não busca aplacar a mente voltada para o mundo. Sua intenção é o oposto: perturbar a mente, desequilibrá-la e finalmente provocar revolta contra os cânones que a aprisionam. Mas isso apresenta o tema de forma muito suave. Ao forçar a mente a lutar contra aquilo que do ponto de vista normal é um absurdo completo, ao compelir a mente a unir coisas que são normalmente incompatíveis, o zen busca levar a mente a um estado de agitação no qual a joga contra sua jaula de lógica, desesperada como um rato encurralado. Por meio do paradoxo e de falsas conclusões, o zen provoca, excita, exaspera e finamente exaure a mente até que ela perceba que o raciocínio nunca é mais do que refletir *sobre* algo, ou que o sentimento não é mais do que sentir *por*. Assim, conseguindo colocar a mente racional onde queria — reduzida a um impasse —, o zen conta com um lampejo de súbita intuição para fazer uma ponte sobre o espaço vazio entre a vida de segunda-mão e a de primeira.

A luz bate nos segredos (...)
Onde a lógica morre,
O segredo cresce por meio dos olhos.[7]

Ou, novamente:

Dez anos de sonhos na floresta!
Agora, rindo na beira do lago,
Rindo uma nova risada.[8]

Antes de colocarmos de lado esse estranho método, considerando-o totalmente exótico, é bom nos lembrarmos que Kierkegaard considerava a meditação sobre o paradoxo da encarnação — o lógico absurdo do infinito se tornando finito, de Deus se tornando homem — o mais gratificante de todos os exercícios cristãos. O koan parece ilógico porque a razão funciona dentro de perímetros estruturados. Fora desses perímetros o koan não é inconsistente. Tem sua própria lógica, uma lógica "riemanniana", podemos dizer. Uma vez quebrada a barreira mental, ele se torna inteligível. Como um despertador, ele é programado para acordar a mente do seu sonho de racionalidade. Uma lucidez maior está à mão.

Na luta com o seu koan, o monge zen não está só. Livros não ajudarão, e os koans que estão sendo trabalhados não são discutidos com outros monges, pois isso poderia produzir apenas respostas de segunda-mão. Em média duas vezes por dia, porém, o monge confronta o mestre numa "consulta sobre meditação" — sanzen na seita rinzai e *dokusan* na soto — em particular. Esses encontros são invariavelmente breves. O treinando rinzai declara o koan em questão e o segue com a sua resposta até aquela data. Então, o papel do mestre se resume a três. No feliz evento de a resposta estar correta, ele a valida, mas esse é o seu papel menos importante, pois a resposta certa normalmente vem com uma força que por si só a valida. A ajuda maior vem por meio da rejeição das respostas inadequadas, pois nada ajuda mais o aluno a abandoná-las do que a sua rejeição categórica pelo mestre. Esse aspecto do sanzen está adequadamente descrito no *Regras de Hyakujo*, do século IX, como permitindo "a oportunidade para o professor realizar de perto um exame pessoal do aluno, para tirá-lo da sua imaturidade, para destruir seus conceitos falsos e livrá-lo dos seus preconceitos, exatamente como o ourives retira o chumbo e o mercúrio do ouro no cadinho, e o artesão que trabalha com jade, ao polir a pedra, retira toda falha possível".[9] A outra tarefa do mestre é, como a de qualquer examinador rigoroso, manter o estudante estimulado e determinado durante os muitos anos que o treinamento exige.

E para onde levam o zazen, o treinamento do koan e o sanzen? A primeira ruptura importante é uma experiência intuitiva chamada *kensho* ("ver dentro da sua própria natureza"), ou *satori* ("compreensão"). Embora sua preparação possa levar anos, a experiência em si vem como um raio, explodindo como um foguete silencioso no profundo interior do tema e colocando tudo sob uma nova perspectiva. Temendo serem seduzidos pelas palavras, os seguidores do zen poupam seu fôlego e não descrevem satoris, mas relatos ocasionais aparecem:

> *Ztt! Entrei. Perdi o limite do meu corpo físico. Eu continuava com a minha pele, é claro, mas me senti de pé no centro do cosmos. Vi pessoas vindo na minha direção, mas eram todas o mesmo homem. Todos eram eu. Nunca tinha conhecido esse mundo antes. Sempre acreditara que eu tinha sido criado, mas devo agora mudar minha opinião: nunca fui criado. Eu era o cosmos. Nenhum indivíduo existia.*[10]

Por essa e por outras descrições semelhantes, podemos deduzir que satori é a versão zen da experiência mística que, onde quer que apareça, traz alegria, "ex-pi-ação" e um sentido de realidade que desafia a linguagem comum. Mas se a maioria das orientações místicas coloca essas experiências próximas do fim da busca religiosa, o zen as coloca próximas do ponto de partida. Em um sentido muito verdadeiro, o treinamento zen *começa* com satori. Por um motivo, deve haver satoris adicionais conforme o treinando aprende cada vez mais a se mover com liberdade nesse reino.[11] Mas o ponto mais importante é que o zen, retirando metade da sua inspiração da orientação chinesa de prática de bom senso, voltada para este mundo e a equilibrando com a metade mística que derivou da Índia, recusa-se a permitir que o espírito humano se vá — ou deveríamos dizer se retire? — totalmente para o estado místico. Uma vez que o alcançamos, devemos:

> *Sair do lamaçal pegajoso no qual temos estado nos chafurdando e voltarmos à liberdade sem limite dos campos abertos. Alguns podem dizer: "Se eu já (atingi) o satori, isso basta. Por que devo prosseguir?" Os velhos mestres criticavam essas pessoas, chamando-as de "minhocas que vivem na gosma daquilo que acreditam ser a iluminação".[12]*

A vocação do zen está no fato de ele não deixar o mundo no estado menos que ideal em que o encontra nem se retirar dele, alheio ou indiferente. O objetivo do zen é instilar o temporal junto *com* o eterno — alargar as portas da percepção para que a maravilha da experiência do satori inunde o mundo cotidiano. "O que", pergunta o aluno, "significa o Bodhidharma ter vindo do Ocidente?" O mestre responde, "o cipreste no jardim". O assombro de existir deve ser diretamente percebido, e o satori é o seu primeiro discernimento. Mas até que — por meio do reconhecimento da interpenetração e convertibilidade de todos os fenômenos — sua maravilha se espalhe a objetos tão comuns quanto a árvore do seu quintal e até que você possa executar suas tarefas diárias com a compreensão de que cada uma delas também é a manifestação do infinito, a missão do zen não foi cumprida.

Com a possível exceção do próprio Buda, em ninguém essa missão foi jamais completada. Mas ao extrapolar as dicas que estão na doutrina do zen, podemos fazer alguma idéia de como seria a condição do "homem que não tem mais nada a fazer".

Primeiro, é uma condição na qual a vida parece distintamente boa. Ao ser perguntado a que o treinamento zen levava, um aluno ocidental que estava praticando há sete anos em Kioto respondeu: "A nenhuma experiência paranormal que eu possa detectar. Mas quando você acorda de manhã, o mundo parece tão lindo que chega a ser difícil de suportar."

Segundo, junto com esse sentido da bondade da vida vem um ponto de vista objetivo com relação aos outros. O bem-estar deles afeta tanto quanto o seu próprio. Ao se olhar uma nota de um dólar pode-se fazê-lo de maneira possessiva; ao se olhar um pôr-do-sol, não se pode fazê-lo desse modo. Como a prática zen requer uma consciência do todo, questões como "o que é consciência?", ou "consciência de quê?" não surgem. O dualismo se dissolve. À medida que isso acontece, três sentimentos surgem, conforme um professor zen os listou:

Infinita gratidão a todas as coisas passadas,
Infinito serviço a todas as coisas presentes,
Infinita responsabilidade com todas as coisas futuras.

Terceiro, a vida zen (como buscamos enfatizar) não retira ninguém do mundo; ao contrário, devolve a pessoa ao mundo — um mundo vestido com nova luz. Não somos chamados a sentir indiferença pelo mundo, como se o objetivo da vida fosse soltar a alma do corpo como um êmbolo de seringa. A chamada é para que se descubra a satisfação da consciência total, mesmo no seu invólucro físico. "Qual é o mais miraculoso de todos os milagres?" "Sentar-se em silêncio comigo mesmo." Simplesmente ver as coisas como elas são, como realmente são, faz a vida ser suficiente. É verdade que o zen valoriza a unidade, mas é uma unidade que é simultaneamente vazia (pois ela apaga as linhas que dividem) e total (porque substitui essas linhas por outras que ligam). Afirmado na forma de um algoritmo zen, "tudo é um, um é nada, nada é tudo". O zen reveste o divino com ares do comum: "já comeu? Então, lave suas tigelas", somos lembrados. Se você não consegue descobrir o sentido da vida num ato tão rotineiro quanto o de lavar os pratos, você não o descobrirá em nenhum lugar.

Minhas atividades diárias não são diferentes,
Apenas estou em harmonia com elas.
Não tomando nada, não renunciando a nada,
Em todas as circunstâncias sem obstáculo, sem conflito (...)
Tirando água do poço, carregando lenha,
Isso é poder sobrenatural, essa atividade maravilhosa.[13]

Com essa percepção do infinito no finito vem, em quarto lugar, uma atitude de concordância generalizada. "Ontem o tempo estava bom; hoje está chovendo"; aquele que vive a experiência superou os opostos da preferência e rejeição. Como as duas influências são necessárias para manter o mundo relativo girando, cada uma delas é bem-vinda na sua função apropriada.

Um poema de Seng Ts'an, "Confie no Coração", é a mais pura expressão desse ideal de aceitação total:

O caminho perfeito não conhece dificuldades,
Mas se recusa a ter preferências;
Apenas quando é libertado do ódio e do amor
É que ele se revela totalmente e sem disfarce;
Uma diferença de um décimo de centímetro,
E o céu e a terra são separados.
Se você deseja vê-lo diante dos seus olhos
Não tenha pensamentos fixos nem contra nem a favor.

Instigar aquilo de que você gosta contra aquilo de que você não gosta —
Essa é a doença da mente.
O Caminho é perfeito como a amplidão do espaço,
Sem nada a querer, sem nada supérfluo.
É devido às escolhas que faz
Que a sua Essência se perde de vista.

O Um não é nada além do Todo, o Todo nada além do Um.
Tome seu lugar, e o resto se seguirá por si só.
Falei, mas foi em vão, pois o que podem dizer as palavras
Sobre as coisas que não têm ontem, amanhã ou hoje?[14]

Até mesmo o falso e o verdadeiro parecem diferentes: "Não procure a verdade. Simplesmente deixe de ter opiniões."

Finalmente, conforme a dicotomia entre o eu e o outro, o finito e o infinito, a aceitação e a rejeição é transposta, até mesmo a dicotomia entre a vida e a morte desaparece.

Quando essa percepção é totalmente alcançada, nunca de novo se sentirá que a morte traz o fim para a vida. Nós estamos vivendo desde um passado sem-fim e viveremos um futuro sem-fim. Neste exato momento, nós participamos da Vida Eterna — bem-aventurada, luminosa, pura.[15]

Ao deixarmos o zen ao seu próprio futuro, podemos observar que sua influência na vida cultural do Japão tem sido enorme. Embora sua maior influência tenha sido sobre as atitudes frente à vida, quatro componentes da cultura japonesa trazem sua marca indelével. No *sumie*, ou pintura de paisagens com tinta preta, os monges zen, vivendo suas vidas simples próximos da terra, rivalizaram a habilidade e a profundidade de sentimento dos seus mestres chineses. Na jardinagem paisagística, os templos zen superaram os chineses e elevaram essa arte a uma perfeição sem rival. Os arranjos florais começaram com as oferendas de flores ao Buda, mas se desenvolveram numa forma de arte que até recentemente era parte da educação de toda menina japonesa refinada. Finalmente, há a celebrada cerimônia do chá, na qual um austero, mas belo, aparelho composto de algumas belas e velhas peças de porcelana, um ritual vagaroso e gracioso e um espírito de total tranqüilidade se combinam para epitomar a harmonia, o respeito, a claridade e a calma que caracterizam o zen no que ele tem de melhor.

1 0

BUDISMO TIBETANO:
O Raio de Diamante

Aos dois caminhos do budismo de que já falamos, devemos agora acrescentar um terceiro. Se o budismo theravada (literalmente, "Caminho Antigo") é o Caminho Original e o mahayana é o Grande Caminho, o budismo vajrayana (um ramo do mahayana) é o Caminho do Diamante.

Vajra era originalmente o raio de Indra, o deus do trovão indiano, freqüentemente mencionado nos primeiros textos budistas em pali. Mas quando o budismo mahayana transformou o Buda numa figura cósmica, o raio de Indra foi transformado no cetro de diamante do Buda. Aqui estamos vendo um exemplo claro da capacidade do budismo de se acomodar às idéias locais enquanto muda seu centro de gravidade. O diamante transforma o trovão, símbolo do poder da natureza, num emblema de supremacia espiritual, enquanto retém as conotações de poder que o trovão tem. O diamante é a pedra mais dura — cem vezes mais que sua rival mais próxima — e ao mesmo tempo a mais transparente. Isso faz do vajrayana o caminho da força e da lucidez — força para realizar a visão do Buda de compaixão luminescente.[1]

Acabamos de observar que as raízes do budismo vajrayana podem ser remontadas de volta até as suas origens na Índia e que ele sobreviveu no Japão como o budismo shingon. Mas foram os tibetanos que aperfeiçoaram esse terceiro caminho do budismo. O budismo tibetano não é simplesmente o budismo com as divindades bon pré-budistas do Tibete incorporadas a ele. Nem é suficiente para caracterizá-lo como o budismo indiano que no seu auge, entre os séculos VIII e IX, foi em direção ao norte para sobreviver à sua queda na Índia. Para apreendermos sua característica, devemos vê-lo como o terceiro maior caminho budista e acrescentarmos imediatamente que a essência do vajrayana é *tantra*. O budismo tibetano, o budismo sob análise, é no seu âmago budismo tântrico.

Os budistas não têm o monopólio do tantra, que apareceu primeiro no hinduísmo medieval, onde a palavra tem duas raízes sânscritas. Uma delas é "extensão". Nesse sentido, o tantra denota textos, muitos deles de natureza esotérica e secreta, que foram acrescentados ao corpo da doutrina hindu para estender sua abrangência. Entretanto, isso nos dá apenas o significado formal da palavra. Para conhecermos o conteúdo ampliado desses textos, devemos observar o segundo significado etimológico do tantra, que deriva do ofício de tecer e denota "interpenetração". Quando se tece, os fios da urdidura e da trama se entrelaçam repetidamente. Os tantras são textos que focam a inter-relação das coisas. O hinduísmo produziu esses textos, mas foi o budismo, particularmente o budismo tibetano, que deu a eles um lugar de destaque.

Os tibetanos dizem que sua religião não é de modo algum distinta na sua meta. O que distingue sua prática é o uso de todas as energias latentes na constituição humana, as físicas enfaticamente incluídas, e o emprego de *todas* elas a serviço da busca espiritual.

A energia que mais interessa — obceca, pode-se dizer — o Ocidente é o sexo, assim não é surpreendente que a reputação do tantra no exterior tenha sido construída sobre o uso sacramental que faz desse impulso. H. G. Wells disse uma vez que as duas únicas coisas que lhe interessavam eram Deus e sexo. Se podemos ter a ambos — e não somos forçados a escolher entre eles, como os monges e as monjas —, isso soa como música aos ouvidos modernos, tanto que, na mente ocidental popular, tantra e sexo são quase igualados. Isso é uma pena. Não só obscurece o mundo maior do tantra, mas distorce os ensinamentos sexuais ao conceituá-los fora daquele mundo.

Dentro desse mundo, os ensinamentos do tantra sobre sexo não são nem excitantes, nem bizarros — são universais. O sexo é tão importante —

afinal, é ele que faz a vida continuar — que deve ser ligado diretamente a Deus. É o divino Eros de Hesíodo, celebrado no *Fedro* de Platão e, de alguma forma, por todas as pessoas. Até mesmo isso, porém, é brando demais. O sexo é o divino na sua epifania mais acessível, mas com a condição de que só se atinge isso quando há amor. Quando duas pessoas que estão apaixonadas, ou mesmo loucas — a divina loucura de Platão — de amor; quando cada um quer muito receber o que o outro quer dar; e quando, no momento do seu clímax mútuo, é impossível dizer se a experiência é mais física ou mais espiritual; ou se o casal se percebe como uma ou como duas pessoas, quando essas condições têm lugar, somos levados até o mais perto que os mortais podem chegar do êxtase que Deus usufrui o tempo todo. O momento é de êxtase porque naquele instante o casal fica fora — *ex*, "fora", *tase* "ficar" — de si mesmo, na unicidade combinada do Absoluto.

Nada, até aqui, é absolutamente tântrico. Do "*Canto dos Cantos*" hebreu ao simbolismo sexual explícito nos casamentos místicos com Cristo, os princípios que acabamos de mencionar aparecem em todas as tradições. O que distingue o tantra é a maneira com que ele sinceramente abraça o sexo, como um aliado espiritual, trabalhando com ele explícita e intencionalmente. Muito além da sensibilidade e da excitação, os tântricos mantêm os componentes físicos e espirituais da combinação amor-sexo em conjunção estrita — por meio da sua arte (que mostra casais abraçados no coito), nas suas fantasias (a habilidade de visualizar deve ser cultivada ativamente) e no ato sexual público, pois apenas uma das quatro ordens sacerdotais tibetanas é celibatária. Além dessas observações gerais, não é fácil ir, portanto devemos deixar o assunto com uma observação que abranja isso. A prática sexual tântrica é realizada não como um divertimento que quebra uma lei cósmica, mas sob a cuidadosa supervisão de um *guru* (professor espiritual) no contexto controlado de um ponto de vista não-dual e como o clímax de uma longa seqüência de disciplinas espirituais praticadas durante muitas vidas. A emoção espiritual que se busca é de êxtase, desprovida de ego, bem-aventurança beatificada na percepção da identidade transcendente. Mas não é contida no ego, pois a meta final da prática é voltar da experiência não-dual mais bem preparado para experimentar a multiplicidade do mundo sem separação.

Com o lado sexual do tantra abordado desse modo, podemos agora passar às características mais gerais da sua prática. Já vimos que são distintas na medida em que se baseiam no corpo, e as energias físicas com as quais os tântricos trabalham mais regularmente são aquelas que fazem parte do processo da fala, da visão e do gestual.

Para apreciarmos a diferença numa prática religiosa que emprega ativamente essas faculdades, é útil nos lembrarmos do zen. O zazen (meditação sentada) se propõe a imobilizar o corpo para recondicionar a mente. Os tibetanos também têm formas de meditação imóvel, mas onde uma foto poderia muito bem capturar todo o repertório da prática zen, com os tibetanos normalmente uma câmera de cinema seria necessária, uma dessas que têm som, pois, ritualisticamente engajados, os corpos dos tibetanos estão sempre em movimento. Virtualmente, a toda pessoa que embarca no tantrayana, leigo ou monge, pede-se que execute uma prática de fundação (*ngondro*, pronuncia-se nun-dro) de cem mil prostrações de corpo inteiro, às vezes mais de uma vez. O *lamas* (literalmente, "superior" — um monge, monja ou praticante leigo avançado) tibetano também trabalha com gestos de mãos estilizados, visualizações interiores baseadas na contemplação de imagens de arte sagradas e cantos de sons silábicos produzidos pela garganta. De maneira cinestética, em termos de aura e de visualização, sempre há algo acontecendo.

O fundamento lógico que eles invocam para engajar o corpo nas buscas espirituais é direto. Sons, visões e movimento *podem* distrair, admitem, mas isso não quer dizer que *devam* fazer isso. Foi o gênio dos grandes pioneiros do tantra que descobriu *upayas* ("meios hábeis") para canalizar energias físicas em correntes que fazem o espírito progredir, em vez de o desencaminharem. A mais proeminente dessas correntes se relaciona ao som, à visão e ao movimento, como nos referimos, e seus nomes começam todos com a letra *m*. Os *mantras* convertem barulho e conversa fiada em fórmulas sagradas. Os *mudras* coreografam os gestos das mãos, transformando-os em pantomímia e dança sagrada. As *mandalas* dão aos olhos ícones cuja beleza sagrada leva o observador a alcançar cumprir sua intenção.

Se tentarmos explicar do nosso modo a liturgia pela qual os tibetanos colocam esses recursos tântricos em prática, a cena que emerge é algo assim: sentados em filas compridas, paralelas, usando chapéus cujo estilo se situa entre coroas e selvagens gorros xamânicos, vestindo túnicas castanho-avermelhadas, as quais eles periodicamente ocultam sob suntuosas vestes eclesiásticas prateadas, escarlates e douradas, metáforas luminescentes de estados interiores de consciência, os monges começam a cantar. Começam num único tom profundo, gutural, métrico, mas conforme a disposição se aprofunda, esses tons únicos se espalham em harmonias que parecem acordes produzidos inteiramente com a garganta, embora os monges não estejam realmente cantando em partes. A harmonia (uma descoberta ocidental) lhes é desconhecida. Por meio de um recurso vocal não encontrado em nenhum outro lugar, eles remodelam suas cavidades vocais de forma a amplificar sobretons a ponto de serem ouvidos como tons discretos na sua própria prerrogativa.[2] Entrementes, suas mãos executam gestos estilizados que aumentam de maneira cinestética os estados de consciência que estão sendo acessados.

Uma característica final, decisiva, dessa prática não seria percebida por observadores, pois é totalmente interna. Durante todo o exercício, os monges visualizam as divindades que estão invocando — visualizam-nas com tanta intensidade (anos de prática são necessários para se dominar essa técnica) que, inicialmente com os olhos fechados, mas finalmente com os olhos abertos, são capazes de ver essas divindades como se estivessem fisicamente presentes. Isso está longe de torná-las reais, mas no clímax da meditação o monge vai mais longe. Ele busca se fundir aos deuses que conjurou, a melhor maneira de se apropriar dos seus poderes e virtudes. Uma extraordinária reunião de formas artísticas é orquestrada aqui, mas não em prol da arte. Constitui uma tecnologia designada a modular o espírito humano ao comprimento das ondas das divindades tutelares que são invocadas.

Para completar esse perfil do budismo tibetano, devemos acrescentar a esse resumo da sua prática tântrica uma instituição singular. Quando em 1989 o Prêmio Nobel da Paz foi dado à Sua Santidade o Dalai Lama, essa instituição saltou aos olhos da atenção internacional.

O Dalai Lama não pode ser comparado com precisão ao Papa, pois não é prerrogativa sua definir doutrinas. E a designação Deus-Rei é ainda mais ilusória, pois, embora as autoridades espiritual e temporal realmente convirjam para ele, nenhum desses poderes define sua função essencial. Essa função é encarnar na Terra o princípio celestial cuja característica definitiva é a compaixão ou a misericórdia. O Dalai Lama é o bodhisattva conhecido na Índia como Avalokiteshvara, na China como a Deusa da Misericórdia Kwan Yin e no Japão como Kannon. Como Chenrezig (seu nome tibetano), ele tem reencarnado nos últimos séculos com o intuito de fortalecer e regenerar a tradição tibetana. Através da sua pessoa — uma única pessoa que até agora assumiu quatorze encarnações sucessivas — flui uma corrente ininterrupta de influência espiritual, de qualidade caracteristicamente compassiva. Assim, com relação ao mundo, em geral, e ao Tibete, em particular, o cargo principal de Dalai Lama não é nem de administração nem de ensino, mas é uma "atividade de presença", operante independentemente de qualquer coisa que ele possa, como indivíduo, escolher fazer ou deixar de fazer. O Dalai Lama é uma estação receptora em direção a qual o princípio de compaixão do budismo em toda a sua amplitude cósmica é continuamente canalizado, irradiando-se dessa forma ao povo tibetano mais diretamente, mas por extensão a todos os seres sencientes.

Se o Dalai Lama vai reencarnar de novo, depois que seu corpo atual for consumido, é incerto, pois no momento presente os invasores chineses estão determinados a fazer com que não haja um povo específico para ele servir. Se ele deixar de existir, algo importante terá sido retirado da História, pois, como já foi dito, da mesma maneira que as florestas tropicais são a atmosfera da terra, o povo tibetano também faz o mesmo papel com relação ao espírito humano neste tempo de provação planetária.

1 1

~·~·~

A IMAGEM DA TRAVESSIA

Já observamos três escolas do budismo: a theravada e as duas escolas mahayanas, o zen e o budismo tibetano. Elas são diferentes o bastante para perguntarmos se, a não ser pelo fato da tradição histórica comum, merecem ser consideradas aspectos de uma única religião.

Há seis aspectos a serem considerados sobre elas. Os cinco primeiros podem ser propostos: (1) Todas elas reverenciam um único fundador do qual afirmam derivar seus ensinamentos. (2) Todas consideram que a centralização em si mesmo é aquilo que impede nossa relação ótima com a vida. (3) Todas consideram a liberdade (da centralização em si mesmo) como um tema básico do caminho. (4) Todas enfatizam a interdependência e nossa concomitante responsabilidade com o amor e o cuidado com os outros. "O ódio nunca poderá acabar com ódio. Só o amor pode. Isso é uma lei inalterável."[1] (5) Todas são fiéis à ênfase que o Buda dava à impermanência. "As pessoas se esquecem de que a sua vida vai acabar em breve. Para aqueles que se lembrarem disso, as diferenças se resolverão."[2] Finalmente, todas as três podem ser condensadas numa única metáfora. É a imagem da travessia, a experiência simples de se atravessar o rio numa balsa.

Para apreciarmos a força dessa imagem, devemos nos lembrar do papel que a balsa representou na vida asiática tradicional. Nas terras banhadas por rios e canais, quase toda jornada mais longa precisava de uma balsa. Esse fato rotineiro fundamenta e inspira todas as escolas do budismo. O budismo é uma viagem através do rio da vida, da praia do bom senso do apego ignorante até a margem oposta, a da sabedoria compassiva. Comparadas com esse fato estabelecido, as diferenças dentro do budismo não são mais que variações no tipo de barcos usados para a travessia — jangada, balsa, canoa, seja o que for.

Enquanto estamos na primeira margem, ela é de fato o mundo todo para nós. Seu chão debaixo de nós é sólido e nos dá confiança. As recompensas e decepções da sua vida social são vívidas e estimulantes. A margem oposta mal pode ser vista e não tem nenhum impacto na nossa vida.

Se, no entanto, algo nos impele a ver o que há do outro lado, podemos decidir tentar uma travessia. Indo até o pontão mais próximo, encontramos outros que também estão esperando a balsa chegar. Quando ela aparece, o ar se enche de entusiasmo. A atenção está focada na margem distante, que é indistinta, mas os possíveis viajantes ainda são cidadãos do mundo que conheceram até então.

A balsa chega. Subimos a bordo, e ela se afasta. A margem que estamos deixando vai perdendo sua substância. As lojas, ruas e figuras pequenas como formigas estão se fundindo e soltando as amarras com as quais nos prendem. Entrementes, a margem para qual estamos indo ainda não pode ser vista; parece quase tão distante quanto sempre foi. Há um intervalo na travessia quando as únicas realidades tangíveis são a água, com suas correntezas traiçoeiras, e a balsa, que é forte, mas as enfrenta precariamente. Esse é o momento para se fazer os Três Votos do budismo, também chamado de Refúgio Triplo, ou Jóia Tripla: "Eu me refugio no Buda", o fato de que houve um explorador que fez esta viagem antes e nos provou que ela é possível de ser feita. "Eu me refugio no dharma", o mapa que ele fez para nós. "Eu me refugio na sangha", a companhia dos buscadores semelhantes a nós. A vista da praia do nosso antigo mundo ficou muito para trás, e até que possamos pisar na outra margem, essas são as duas únicas coisas nas quais podemos confiar.

A margem longínqua se aproxima, vai se tornando real. A balsa toca a areia, e pisamos em terra firme. Essa terra, que de longe parecia tão enevoada e desprovida de substância quanto um sonho, agora nos oferece o chão em que pisamos. E a margem que deixamos para trás, que então era tão concreta e real, não é agora nada além de uma esguia linha horizontal, uma memória sem substância.

No budismo, essa margem longínqua é uma metáfora para o nirvana, o término da busca budista. Mas isso não quer dizer que nada mais precisa ser feito quando lá chegamos. O Buda não parou de praticar meditação depois da sua iluminação debaixo da Árvore Bo, e podemos tomar isso como uma advertência de que, para o resto da nossa vida — e para todos, exceto "os que não voltam" (aqueles para quem esta é sua última encarnação), por muitas vidas futuras — devemos, também, trabalhar assiduamente para nos tornarmos cidadãos completos desse novo país, nos livrando cada vez mais dos hábitos incrustados que adquirimos no lado do mundo em que antes vivíamos!

Na imagem da travessia, esse aprofundamento da nossa cidadania pode ser simbolizado como a entrada cada vez mais no interior do país além da margem longínqua. E, conforme fazemos isso, chega um ponto em que o rio atrás de nós e a margem atrás *dele* somem de vista. Tudo o que resta deles agora são as lembranças que temos deles. E agora, da posição vantajosa que reconfigura as memórias dessa "margem longínqua", vemos que tudo o que tinha de ser e que aconteceu era exatamente o que devia ter sido, no seu respectivo tempo e lugar. Por mais que não tenham sido bem-vindos na época, se tivéssemos vivido esses eventos em questão naquela oportunidade como o fazemos agora, eles teriam sido empregados pela maravilha e glória do Todo, pois foram requisitados *por* esse Todo.

Assim se iniciam os *Prajnaparamita* (ou "Aperfeiçoamento da Sabedoria) *Sutras,*[3] que são amplamente considerados os textos culminantes do budismo mahayana. Eles giram em torno de um único e assombroso paradoxo: "A forma é o vazio, e o vazio é a forma; o vazio não é diferente da forma, a forma não é diferente do vazio", no qual (os leitores se lembrarão) a forma se refere à realidade condicionada e o vazio ao nirvana, o não-condicionado. O mais curto desses sutras, o *Sutra do Coração*, é cantado nos mosteiros zen de manhã e à noite, e os leitores podem agora reconhecer os paradoxos, enigmas e falsas conclusões que guarnecem o zen-budismo como uma ramificação dessa raiz. Ele desfaz os opostos — o rio que separava as duas margens desapareceu — ou, se preferirem, desfaz a oposição entre os opostos. É um não-dualismo tão radical quanto nenhum outro encontrado em qualquer lugar e sua conseqüência é significativa, pois ela anula a separação entre o estar preso e o estar livre. O nirvana não está em nenhum outro lugar. Está aqui, agora, onde está o viajante; e como acontece de isso ser neste mundo, o próprio mundo é transmutado. O barulhento estardalhaço do "gostar e do não-gostar" foi acalmado; cada momento é confirmado pelo que realmente é. "Assim, nossa vida terrena coincide com o próprio Nirvana; não existe a menor distinção entre eles", lemos[4]. Ou conforme o grande mestre zen Hakuin disse:

A terra na qual estamos,
É a terra prometida do Lótus,
E este corpo
É o corpo do Buda.[5]

Esse não-dualismo lança luz no voto do bodhisattva de não entrar no nirvana "até que cada talo de grama esteja iluminado". Como a grama continua nascendo, isso quer dizer que o bodhisattva nunca vai se iluminar? Não exatamente. Isso quer dizer, na verdade, que o seu "eu" se tornou tão transparentemente interdependente do Todo que a idéia de um "eu" separado alcançando a iluminação individual ficou quase ridícula. Esse já é um grau elevado de iluminação, mas o bodhisattva, sem reclamar os louros da vitória e sem se contentar com nenhum prêmio, permite que a compaixão dite o seu compromisso básico: "Enquanto houver seres que ainda não viram o que eu já vi — que não há realmente seres separados e nem uma diferença definitiva entre o *samsara* (o ciclo de renascimento e morte) e o nirvana — eu juro *nunca* parar de ajudá-los."[6]

Do ponto de vista da consciência normal, voltada para o mundo, sempre deverá haver uma inconsistência entre esse lampejo intuitivo climático e a prudência com relação às coisas do mundo. Isso, porém, não deve nos surpreender, pois seria absolutamente contraditório se o mundo se parecesse exatamente como era para aqueles que cruzaram o rio da ignorância. Apenas eles podem dissolver a distinção do mundo — ou, talvez devamos dizer, conduzi-los no seu próprio passo, pois as distinções persistem, mas agora sem diferenças. Onde o rio ainda puder ser visto pela visão da águia, ele é visto como uma ligação entre as duas margens, em vez de um divisor delas.

1 2

A CONFLUÊNCIA DO BUDISMO
E DO HINDUÍSMO NA ÍNDIA

Nenhuma introdução ao budismo estaria completa se não mencionasse o grande rei Asoka (ca. 272-232 a.C.), o primeiro a unir efetivamente o subcontinente indiano. Na história da antiga realeza, sua figura se destaca como um pico do Himalaia, claro e resplandecente contra o céu iluminado pelo sol. Se hoje não somos todos budistas, não é por culpa de Asoka. Não contente de simplesmente ter-se tornado um seguidor do Buda, ele louvou o dharma energicamente, mas de maneira não-violenta, através do vasto império indiano, o qual se estendia por três continentes. As criaturas do mundo que não têm o dom da fala nunca tiveram um amigo tão leal: Asoka baniu os sacrifícios de animais, acabou com a matança deles nas suas cozinhas e renunciou às expedições reais de caça. Seus editos, amplamente disseminados, entalhados em colunas de pedra por todo o seu império,[1] descartavam rituais vazios e aconselhavam contra a crueldade, a raiva e o orgulho, enquanto exortavam em seu lugar a generosidade, a tolerância, a confiança, a cordialidade com os seres humanos e os animais e o vigor na busca da vida desperta. A Roda da Lei budista de Asoka ainda tremula na bandeira indiana. Tendo encontrado o budismo como uma seita indiana, ele a transformou numa religião mundial.

Assim, entre os paradoxos superficiais do budismo — uma religião que começou por rejeitar o ritual, a especulação, a graça, o mistério, um deus pessoal e depois produziu uma ramificação que trouxe todos esses elementos de volta — ainda resta um paradoxo final. Hoje os budistas abundam em todos os países asiáticos, exceto na Índia. Apenas recentemente, depois de uma ausência de mil anos, eles estão começando a reaparecer em pequenos números. O budismo triunfou no mundo e (aparentemente) falhou na sua terra natal.

Essa aparência superficial é enganosa. O fato mais profundo é que na Índia o budismo não foi derrotado pelo hinduísmo, mas acomodou-se a ele. Até por volta do ano 1.000, o budismo persistia na Índia como uma religião distinta. Dizer que os invasores muçulmanos o extinguiram não explicaria, pois o hinduísmo sobreviveu. O fato é que em mil e quinhentos anos na Índia, as diferenças entre o budismo e o hinduísmo amainaram. Os hindus admitiram a legitimidade de muitas das reformas do Buda e, numa imitação das ordens sanghas budistas, *sadhus* (ascetas andarilhos) começaram a aparecer. Do outro lado, conforme o budismo se transformava no mahayana, seus ensinamentos foram cada vez mais se tornando parecidos aos hindus, até que o budismo se fundiu de novo à fonte da qual se originou.

Apenas se considerássemos que os princípios budistas não deixaram marcas no hinduísmo subseqüente, poderíamos considerar que a fusão foi uma derrota do budismo. De fato, quase todas as doutrinas afirmativas budistas encontraram seu lugar ou paralelo. Suas contribuições, aceitas pelos hindus em princípio, quando não na prática, incluíam uma renovada ênfase na cordialidade a todas as coisas vivas, em não matar animais (a maioria dos hindus de alta classe é vegetariana) e na eliminação das barreiras de casta em assuntos religiosos e sua redução nos aspectos sociais, bem como uma forte ênfase ética em geral. O ideal do bodhisattva parece ter deixado sua marca em orações como a seguinte, de Rantideva, no grande clássico devocional hindu, o *Bhagavatam*:

> *Eu não rezo ao Senhor pedindo para alcançar um estado no qual serei dotado com os poderes óctuplos, nem mesmo pelo estado de libertação do ciclo de nascimento e morte. Rezo apenas para que eu possa sentir as dores dos outros, como se residisse dentro dos seus corpos, e que eu possa ter o poder de aliviar a sua dor e os fazer felizes.*[2]

No todo, o Buda foi mais do que reafirmado como "filho rebelde do hinduísmo". Ele foi elevado ao *status* de ser a nona[3] das dez[4] divinas encarnações de Vishnu, Deus, no seu papel de Preservador.

PARTE II

A RODA GIRA PARA O OESTE

1 3

A NOVA MIGRAÇÃO

Sigam seus caminhos, ó monges, para o benefício de muitos, para a felicidade de muitos, por compaixão pelo mundo, pelo bem, benefício e felicidade dos deuses e dos homens. Dois não deverão seguir na mesma direção. Ensinem o dharma que é benéfico no começo, no meio e no fim — tanto o espírito quanto sua letra. Tornem conhecida sua maneira pura de viver.[1]

Assim, impelidos pelo próprio Buda e estimulados dois séculos depois pelo rei Asoka, os peregrinos budistas levaram suas idéias e seus modos de vida para fora da Índia, rumo ao oeste. Os editos de Asoka registram o envio de pregadores do dharma para a Síria, o Egito e a Macedônia, embora não haja registro nas fontes ocidentais da chegada deles. Alguns acham que monges budistas chegaram até o mar Mediterrâneo, influenciando na sua rota a filosofia grega e o cristianismo primitivo, mas não há evidências seguras disso.

Há, é claro, muita evidência da migração do budismo na direção leste — até a China, por volta do primeiro século d.C., e o Japão, via Coréia, por volta do século XII —, tão a leste que acabou virando oeste. Antigos documentos chineses falam de uma longínqua jornada empreendida pelo monge budista Hui Shan e mais cinco monges, por volta de 458 d.C. Alguns estudiosos acreditam que os seis navegaram até o Alaska e, então, viajaram a pé, descendo a costa ocidental da América do Norte até o México, influenciando a cultura e talvez o DNA dos índios huichol, cujas características faciais são semelhantes às dos chineses. Se isso for verdade, esse teria sido o primeiro contato entre o Velho e o Novo mundo, antecipando Colombo em um milênio. Mas a jornada de Hui Shan para o Ocidente ainda é hoje mais uma afirmação debatida do que um fato comprovado.

Um dos primeiros europeus a ter contato documentado com o budismo foi o aventureiro do século XIII Marco Polo. Baseado nas histórias que tinha ouvido na Mongólia e no Ceilão (Sri Lanka), Polo escreveu que "certamente, se ele (o Buda) tivesse se tornado cristão pelo batismo, teria sido um grande santo perante Deus".[2] Um século depois, Jean Marignolli, um enviado do Papa Benedito XII à China, visitou o Sri Lanka quando voltava para casa. Ele comparou de modo favorável os monges budistas que encontrou com os franciscanos católicos, elogiou sua hospitalidade e observou que "essas pessoas levam uma vida extremamente santa". Mas esses comentários estão entre as coisas mais gentis que os mal-informados europeus diriam sobre o budismo durante séculos. Mais comuns eram os sons guturais e as recusas que saíam dos lábios dos mercadores, militares, sacerdotes e missionários que alcançaram a China, o Japão, o Sri Lanka, a Indochina, o Tibete e a Índia depois da viagem de Vasco da Gama à Índia em 1497. O budismo foi, por vezes, chamado de "religião monstruosa" e "seita abominável", uma "praga" iniciada por "um homem muito cruel".[3]

Quando o jesuíta Francisco Xavier chegou ao Japão em 1549, a maré virou um pouco. Xavier estava ao menos convencido da necessidade de entender mais amplamente aqueles que iria converter. Percebeu, logo de início, que estava em meio a uma cultura desenvolvida. Entre os povos não-cristãos descobertos até então pelo mundo cristão, "nenhum", escreveu ele, "supera os japoneses. Na sua cultura, nas suas maneiras sociais e nos seus costumes eles ultrapassam os espanhóis de modo tão veemente que nos causa vergonha".[4] Xavier conheceu um abade zen e, embora este nunca tenha se convertido, eles se tornaram amigos calorosos e mutuamente respeitosos. Mesmo assim, Xavier ficava incomodado com a aparente negação que os budistas fazem da existência da alma eterna. Para sua consternação, durante as discussões sobre a imortalidade da alma com o seu amigo zen, às vezes ele dizia sim e às vezes não. E Xavier ficava horrorizado com a indiferença do budismo com relação a um Deus Criador pessoal. Na verdade, alguns japoneses, sem dúvida incomodados pelo proselitismo de Xavier, distorceram o termo latim *Deus*, transformando-o em *Daiuso*, que quer dizer "Grande Mentira". Mesmo assim, nos cinqüenta anos a partir das missões pioneiras de Xavier, duzentos mil japoneses tinham se tornado cristãos católicos.

Durante o século seguinte, outros missionários jesuítas foram para a China e o Tibete, seguindo a liderança de Xavier, procurando converter budistas, mas de forma alguma acrescentaram qualquer coisa ao conhecimento europeu dessa tradição. Em 1678, o enviado de Luís XIV ao Sião (Tailândia) trouxe a palavra "nirvana" até ouvidos europeus, provavelmente pela primeira vez. Em 1727, uma *História do Japão* foi publicada em Londres, o primeiro livro em inglês a descrever o zen-budismo — e com simpatia. Numa época em que a Europa ainda estava tonta com o espetáculo sangrento da barbárie protestante-católica que foi a Guerra dos Trinta Anos (1618-48), esses relatos, bem como as crônicas entusiasmadas dos mercadores europeus que contavam sobre a Ásia civilizada, ajudaram a erodir o preconceito de que a Europa cristã era o único repositório de sabedoria e cultura superior. O interesse pela coleção, pela tradução e pelo estudo de textos orientais cresceu e em alguns estudiosos virou paixão, como aconteceu, por exemplo, com William Jones.

Um inglês nascido em 1736, Jones foi destinado a uma carreira no Direito, mas seus primeiros anos se distinguiram pela facilidade com que aprendia línguas estrangeiras. Antes de sair de Harrow, durante a adolescência, lia em latim, grego, francês, espanhol e hebreu. Em Oxford, mergulhou no árabe, no persa e no turco. Com quase 50 anos, seu treinamento como advogado e seus talentos lingüísticos o fizeram conquistar uma posição de juiz no tribunal superior da Índia. Lá, o infatigável Jones abraçou o estudo do sânscrito e, junto com outras mentes que se assemelhavam à sua, fundou a Asiatick Society, dedicada a amealhar conhecimento sobre todas as coisas asiáticas. O *Asiatick Researches*, o jornal da sociedade, começou a reunir, entre outras coisas, relatos de primeira mão do budismo do Sri Lanka e do Tibete e deu aos intelectuais europeus do século XVIII sua primeira instrução significativa sobre a Ásia.[5]

Se o século XVII testemunhou a Guerra dos Trinta Anos, também (trazendo à tona Galileu e Newton) demonstrou o assombroso potencial do método científico. Um dos ideais do Iluminismo francês e alemão era construir uma "ciência da humanidade" sobre a mesma base — a análise racional de fatos empíricos — que tinha se mostrado tão bem-sucedida nas ciências naturais. Uma ciência da humanidade verdadeiramente global só poderia, é claro, ser construída com dados verdadeiramente globais. Enquanto os estudiosos europeus buscavam às cegas formar um entendimento da cultura asiática por meio das peças de quebra-cabeça disponibilizadas por jornais como o *Asiatick Researches*, os contornos do budismo como um todo não podiam ser percebidos de imediato. Só em 1844 é que o filólogo francês Eugene Burnouf demonstrou num trabalho de assombrosa erudição que dados religiosos descobertos no sudeste asiático, Tibete, China e Japão pertenciam a ramos de uma única tradição multiforme — o budismo — que tinha se originado na Índia. A budologia, o estudo acadêmico do budismo, tinha sido fundado. Em muitos aspectos, essa foi a chave que finalmente abriu a porta entre o budismo e o Ocidente. Como historiador do budismo, Rick Fields estava apto a dizer que "até o final do século XIX, cerca de dois mil e quatrocentos anos depois da iluminação de Shakyamuni sob a Árvore Bodhi, praticamente não podemos encontrar nenhum intercâmbio real entre a mente européia e o budismo".[6]

O filósofo alemão Arthur Schopenhauer (1788-1860) talvez tenha sido o primeiro ocidental a confessar publicamente uma profunda afinidade pelo budismo. Schopenhauer acreditava ver reflexos dos ensinamentos do Buda nas suas próprias convicções: que uma vontade de viver cega e inexorável se debate no sangue de toda vida; que a liberdade das suas garras é a mais nobre aspiração do espírito humano; e que a compaixão pelas criaturas, humanas ou não, nos prepara para essa liberdade, bem como previamente nos oferece uma idéia do seu sabor. Schopenhauer, por sua vez, influenciou Friedrich Nietzsche (1844-1900), que, embora não abraçando o budismo, diz coisas intrigantes e, na sua maior parte, simpáticas sobre ele espalhadas em seus livros tremendamente influentes.[7] As religiões, de acordo com a visão de Nietzsche, fazem mil promessas, mas não cumprem nenhuma, enquanto "o budismo não faz promessas, mas cumpre todas (elas)".[8]

Neste ponto, devemos dividir a história da jornada do budismo ao Ocidente em duas partes. Uma fica na Europa ocidental, e a outra leva à América do Norte. Entretanto, as histórias são semelhantes. Vamos apenas desenhar o retrato europeu com uns poucos e sugestivos traços, dando aos leitores interessados fontes onde buscar informação adicional. Veremos, então, o lado americano com maior detalhe, nos capítulos subseqüentes.

A Alemanha, a Inglaterra, a França e a Suíça abrigam cerca de um milhão de budistas, 25% dos quais são europeus convertidos, e mais de novecentos grupos e centros budistas. Os budistas representam aproximadamente 1% da população total desses países.[9]

Alemanha. Três anos depois da morte de Nietzsche, em 1903, Anton Gueth se tornou o primeiro alemão a entrar formalmente numa ordem budista de monges. Ele fez isso em Yangon, Myanmar (Rangoon, Birmânia), tomando o nome de Nyanatiloka. Logo se mudou para o Sri Lanka e fundou o Eremitério da Ilha, em Dodanduwa, que rapidamente se tornou conhecido como um centro de treinamento budista para europeus. Cinqüenta anos depois ele escreveria:

> *Foi em 1903 que cheguei pela primeira vez a esta ilha que, desde então, considero meu lar espiritual. Mas foi o grande desejo do meu coração dar ao país de minha origem o melhor que eu possuía, ou seja, o Dhamma (dharma). E, com esse fim, tenho devotado a maior parte dos meus cinqüenta anos de sangha. Fiz isso com a firme convicção que o Dhamma se enraizará no meu país natal, Alemanha, e poderá ter um grande futuro lá.[10]*

Os influentes escritos e traduções de Nyanatiloka[11] logo atraíram outros para o Caminho, como o judeu-alemão Siegmund Feniger, que deixou a Alemanha em 1936 para se tornar, para o resto da sua vida, um monge theravadin no Sri Lanka com o nome de Nyanaponika Thera. Seus escritos[12] profundamente informados deram uma contribuição imensurável para o conhecimento ocidental do budismo no século XX.

Ernst Hoffman viajou por um trajeto semelhante. Tornou-se monge theravadin, mas mais tarde mudou sua aliança para a vajrayana tibetana. O Ocidente conhece sua duradoura influência no budismo ocidental com o nome de Lama Anagarika Govinda.

Em 1921, Karl Seidenstucker (1876-1936), que quase vinte anos antes tinha fundado uma missão budista pioneira na Alemanha, fundava agora, junto com o juiz Georg Grimm (1868-1945) a Antiga Comunidade Budista de Munique. A obra maior de Grimm, *A Doutrina do Buda*, publicada pela primeira vez em 1915, e o clássico de Hermann Oldenberg, *O Buda* (1881), são antigas contribuições alemãs para aumentar a compreensão do dharma no Ocidente e que ainda hoje podem ser lidas com muito proveito.

O médico Paul Dahlke (1865-1928) estudou o budismo pali, escreveu livros e fez traduções enriquecidas por muitas visitas ao Sri Lanka, e estava para se tornar um monge quando sua má saúde impossibilitou isso. De volta à Alemanha em 1924, fundou a Casa Budista em Berlim-Frohnau, a qual veio a ser um reconhecido centro do budismo alemão. Sob a orientação da Sociedade Alemã Dhammadhatu do Sri Lanka, a Casa Budista se transformou no Vihara Budista de Berlim, usado no treinamento de monges.

Na primeira metade do século passado, o budismo alemão era dominado pela influência theravadin. O interesse pelo zen começou depois da guerra. Muitos filósofos japoneses influenciados pelo zen foram atraídos pela filosofia de Martin Heidegger, porque seus últimos escritos pareciam por vezes sugerir que o arco de dois mil e quinhentos anos da filosofia ocidental encontrava sua culminação num tipo de consciência contemplativa budista. E a missão jesuítica de Francisco Xavier ao Japão no século XVI finalmente deu um fruto inesperado quando um jesuíta alemão, padre Enomiya-LaSalle (1898-1990), submeteu-se ao treinamento zen, foi reconhecido como mestre em 1978 e, mais tarde, ainda abraçado à fé católica, liderou retiros zen na Alemanha e em outros países.

A União Budista Alemã (UBA) foi fundada em 1955 por quarenta e três budistas alemães e hoje compreende cinqüenta e dois grupos e centros budistas de várias linhas, o que representa um aumento de cinco vezes nos últimos dezesseis anos. A UBA descreve a si mesma como "uma plataforma na qual budistas de todas as tradições e escolas se encontram e desenvolvem compreensão e apreciação pela variedade e diversidade da teoria e prática budistas". O budismo alemão é o único, até onde sabemos, que desenvolveu uma Confissão Budista (*Buddhistisches Bekenntnis*) aceita por um amplo espectro de tradições e escolas. Seus cinco pontos afirmam: (1) o Triplo Refúgio (Buda, Dharma e Sangha), (2) as Quatro Nobres Verdades, (3) a expressão desses princípios numa vida ética, (4) que é orientada pelos cinco preceitos morais básicos (veja capítulo 5) e (5) o desenvolvimento dos quatro estados sublimes da amorosa cortesia, compaixão, alegria simpática e equanimidade (veja capítulo 8). Em 1962, havia dois mil budistas registrados na União Budista Alemã. Hoje há cerca de cento e cinqüenta mil budistas na Alemanha, dos quais quarenta mil são europeus.

Mesmo um levantamento tão breve não deve omitir a menção do escritor suíço-alemão e ganhador do prêmio Nobel Hermann Hesse, que provocou um interesse considerável no budismo com a publicação de *Sidarta*, em 1922. Uma novela lida por incontáveis leitores em muitas línguas, *Sidarta* conta a história de um jovem que opta por não ser um discípulo do Buda e, em vez disso, escolhe seu próprio caminho ao longo da vida, aprendendo lições budistas da maneira mais difícil.

Inglaterra. Um importante pioneiro do budismo britânico e ocidental foi Thomas Rhys-Davids, que viajou ao Sri Lanka no final do século XIX como funcionário público britânico. Como seu conterrâneo do século anterior, William Jones, ele logo descobriu que sua compreensão da lei tradicional local requeria o domínio de uma antiga língua clássica, nesse caso, pali. Aconteceu de o professor de pali de Rhys-Davids ser um monge budista, e seus estudos logo se desenvolveram no primeiro esforço sistemático para juntar todo o Cânon Pali, considerado pelos theravadins como o mais antigo e preciso registro dos ensinamentos do Buda. Na Inglaterra, em 1881, Rhys-Davids organizou a ainda existente Pali Text Society para completar a coleção, transliterá-la da antiga escrita pali para caracteres romanos e estudar seu conteúdo.

Um dos primeiros britânicos a buscar refúgio formal no budismo foi Allan Bennet, tendo sua atitude inspirada por um poema de Edwin Arnold, *A Luz da Ásia* (veja capítulo 14). Ele foi ordenado na Birmânia por volta de 1908. Embora a má saúde o tenha forçado a abandonar a túnica em 1914, ele continuou a propagar o dharma e fundou a Loja Budista — sob a liderança, durante anos, do advogado e autor budista Christmas Humphreys. A loja existe até hoje como a London Buddhist Society UK.

Osbert Moore recebeu sua *bodhicitta* ("intenção de ir em direção à iluminação") ao ler um livro sobre o budismo enquanto servia como soldado na Itália durante a Segunda Guerra Mundial. Depois da guerra, ele viajou para Sri Lanka, foi treinado no Eremitério da Ilha de Nyanatiloka e ordenado em 1950 como Bhikku Nyanamoli. Produziu importantes traduções para o inglês de textos theravada antes da sua morte prematura.

William Purfurst foi ordenado na Tailândia por volta de 1954 como Venerável Kapilavuddho. Fundou o English Sangha Trust em 1955. Em 1974, o Sangha Trust convidou um mestre de meditação budista da Tailândia, Ajahn Chah, para ir até a Inglaterra fundar uma ordem de monges budistas ocidentais. Chah chegou com uma surpresa, um americano, Robert Jackman, que já estava estudando com ele na Tailândia por dez anos. Quando Ajahn Chah voltou para a Tailândia, Jackman, agora Achaan Sumehdo, ficou encarregado do novo experimento monástico. Começou de maneira bastante modesta — ele e mais outros três irmãos monges viviam em aposentos exíguos numa parte barulhenta do norte de Londres. Mas numa manhã, enquanto caminhavam esmolando, chamaram a atenção de um praticante de corrida que tinha recentemente comprado uma floresta inteira em West Sussex com a intenção de revitalizá-la, mas sem uma idéia clara de como fazer isso. Percebendo que os monges seriam excelentes habitantes para a floresta, simplesmente a deu para eles. Os monges se mudaram para uma casa na vila vizinha de Chithurst e começaram a reabilitar a casa e a floresta. Esse foi o começo do agora bem estabelecido e adorável mosteiro Chithurst Forest. Em 1993, o escritor budista Stephen Batchelor o descreveu assim:

> *Chithurst não é mais um posto avançado do budismo tailandês num canto da Inglaterra, mas o núcleo de uma comunidade budista que cresce em toda a Europa. Tornou-se um "seminário" budista, onde monges recém-ordenados são treinados antes de serem mandados para servir em*

Amaravati, o maior centro público do norte de Londres, ou nos dois outros centros menores da Grã-Bretanha, ou até mesmo para os dois viharas (mosteiros) recém-abertos na Suíça e na Itália. Há cerca de cinqüenta monges, nove monjas e cerca de trinta postulantes homens e mulheres vivendo nos diferentes centros europeus.[13]

Desde que Batchelor escreveu isso, o Amaravati fundou filiais na Nova Zelândia, na Austrália e nos Estados Unidos.

Palestras dadas pelo monge do Sri Lanka Narada Thera, em 1949, levaram à fundação da London Buddhist Vihara, em Knightsbridge, em 1954, cujo líder entre 1957 e 1990 foi o estudioso dr. Saddhatissa.

A influência do budismo theravada da Birmânia veio com a fundação de um vihara em Birmingham em 1978. Hoje há um vihara birmanês em Londres e um centro de meditação em Billinge, Lancashire. Os ensinamentos de meditação nesses lugares derivam das linhas de Mahasi Sayadaw e U Ba Khin/S.N. Goenka (discutidas no capítulo 18).

Nem mesmo o mais breve esboço do budismo inglês poderia omitir Dennis Lingwood. Lingwood nasceu em 1925. No meio da sua adolescência, tendo lido *Ísis sem Véu*, de Madame Blavatsky e a *Plataforma* e os *Sutras Diamante* budistas, reconheceu-se budista. Convocado pelo exército inglês em 1943, foi primeiro designado para a Índia e, depois, para o Sri Lanka. No início, foi rechaçado pelas formas institucionais de budismo que encontrou, mas seu interesse no dharma continuou a crescer. Logo depois da guerra e ainda na Índia, Lingwood foi ordenado formalmente no budismo theravada e adotou o nome de Sangharakshita. No começo da década de 1950, ele encontrou e ficou profundamente impressionado com o já mencionado alemão convertido ao budismo tibetano, Lama Govinda. Aos 29 anos de idade, fez uma série de palestras sobre o budismo em Bangalore. Inspirado pela sua calorosa recepção, usou-as no seu magistral *Survey of Buddhism*, o primeiro grande título do que veio a ser uma prodigiosa produção. Convencido da necessidade de um comprometimento sério, estruturado, do Ocidente com o modo de vida budista e da falta de uma adaptação total entre a sociedade ocidental e o monasticismo budista tradicional, Sangharakshita fundou, em 1967, a Friends of The Western Buddhist Order (FWBO) e, um ano depois, ordenou os nove primeiros homens e três mulheres para servirem no seu núcleo monástico, a Western Buddhist Order (WBO). Hoje a FWBO é uma rede internacional com mais de uma centena de centros, retiros, comunidades residenciais, negócios para a subsistência e programas educacionais, de saúde e de arte.

Entre 1979 e 1991, o número de grupos budistas britânicos triplicou. Na Grã-Bretanha, dos trezentos e setenta grupos e organizações budistas voltados para a meditação, cinqüenta e sete são afiliados à tradição zen, sessenta e cinco ao budismo tibetano e cerca de cem ao budismo theravada e sua prática central, a vipassana. Na Grã-Bretanha há cerca de cento e cinqüenta mil budistas, dos quais cerca de um terço são europeus.

França. Há aproximadamente seiscentos e cinqüenta mil budistas na França, sendo que, numa estimativa grosseira, 25% são europeus. A França tem a maior população per capita da Europa budista, 1,15%. Os três ramos principais do budismo, o theravada, o zen e o tibetano estão representados. As presenças mais patentes talvez sejam aquelas da linha tibetana kagyu e a escola do soto zen.

Das cerca de quinze bases kagyu, a maior é Kagyu Ling, em Burgundy, fundada por Kalu Rinpoche em 1976. Uma das primeiras ordens de Kalu foi "fechar as portas" atrás de um grupo de sete homens e seis mulheres que estavam para empreender o famoso retiro solitário do budismo tibetano de três anos, três meses e três dias, quando praticam intensamente a meditação (veja capítulo 17, nota 8). Quando as portas se abriram trinta e nove meses depois, Kalu estava lá para recepcionar os monges e monjas na sua volta ao mundo e enviar outro grupo de onze homens e onze mulheres. Esses retiros têm acontecido ininterruptamente por mais de vinte e seis anos.

Retiros semelhantes acontecem em outros centros de prática Kagyu. Há quase uma década, Batchelor estimou que "hoje, na Europa, cerca de trezentas pessoas estão se submetendo ao tradicional treinamento de meditação kagyu de três anos, três meses e três dias".[14]

Em 1967, o professor de soto zen Taisen Deshimaru chegou a Paris com o objetivo de estabelecer o zen na Europa. Ele tinha 53 anos, sem um tostão, não falava francês e não tinha nenhuma posse além do seu caderno de anotações, sua túnica de monge e uma almofada de meditação (*zafu*). Hoje a Missão Taisen Deshimaru tem cerca de duzentos centros de meditação e grupos internacionais, noventa dos quais estão na França. O restante fica principalmente na Europa, mas alguns estão em lugares distantes como o Uruguai e Camarões. Além disso, no sudoeste da França, na cidade de Sainte Foy la Grande, está a Vila Ameixa, a base do internacionalmente conhecido monge zen vietnamita, ativista da paz e poeta Thich Nhat Hanh.

14

AMÉRICA: O BUDA COMPLETO

Foi em fontes como *Asiatick Researches*, de William Jones, que os escritores Henry David Thoreau e Ralph Waldo Emerson descobriram a mente da Índia. Mas como os estudos de Jones eram limitados ao hinduísmo, as idéias indianas que os transcendentalistas* americanos conheceram eram principalmente hindus. O budismo ainda não tinha sido claramente desenredado do seu pai. Por volta de 1840, Brian Hodgson, um funcionário público britânico designado para o Nepal, deparou com uma cópia em sânscrito de um importante sutra budista mahayana, o *Saddharma Pundarika* ("Lótus do Verdadeiro Ensinamento"). O manuscrito chegou até Eugene Burnouf, em Paris, cuja tradução francesa alcançou Emerson e Thoreau** em Concord, Massachussetts. Em 1844, Thoreau publicou uma tradução inglesa do documento e (falando de maneira figurada) as primeiras tênues melodias de "América: o Buda Completo" puderam ser ouvidas vagando nas águas do lago Walden.[1]

---

*Escola filosófica americana representada, principalmente, por Ralph Waldo Emerson [1803-1882], caracterizada pelo misticismo panteísta. (N. do T.)

**Henry David Thoreau [1817-1862] outro importante autor transcendentalista e colaborador de Emerson. Seu livro mais importante é *Walden*, uma das principais obras da literatura americana. (N. do T.)

América: O Buda Completo 131

Talvez mais significativo para o budismo americano do que aquilo que Thoreau traduziu seja a maneira pela qual ele viveu sua vida — seus hábitos contemplativos. Embora Emerson fosse antes e acima de tudo um escritor, Thoreau, além de escrever (seus diários chegam a quatorze volumes), também experimentou o silêncio. "Peça-me alguns dólares, se você quiser", escreveu, "mas não me peça minhas tardes."[2] Ele nos conta que ficava sentado durante horas, ouvindo a natureza, não *fazendo* nada, apenas *sendo*. Esse tipo de estudo totalmente diferente o tornou mais profundo, ajudou-o a crescer, ele dizia, "à semelhança do milho à noite".

Thoreau não foi certamente o único contemplativo americano, mas, conforme o historiador Rick Fields diz, foi um dos poucos que viveram contemplativamente de maneira budista. Isso eqüivale a dizer que ele foi, talvez, o primeiro americano a explorar um modo de contemplação não-teísta que é a marca distinta do budismo.[3] Pode ser que tenha sido um tipo de simplicidade budista que fez Thoreau observar que "um homem é rico na proporção do número de coisas que ele pode se dar ao luxo de deixar em paz" e acrescentar que "a civilização, no sentido real do termo, consiste não na multiplicação, mas na redução deliberada e voluntária de desejos".[4] E provavelmente foi um tipo de suavidade budista que o levou a dizer que "sei que alguns me julgarão mal quando ouvirem o seu Cristo ser mencionado ao lado do meu Buda, mas estou certo de que desejo que eles amem ao seu Cristo mais do que ao meu Buda, pois amor é a coisa principal".[5]

Uma das sementes mais potentes a serem semeadas no jovem campo budista americano foi a publicação em 1879 da já aludida biografia em verso do Buda, de Edwin Arnold, *A Luz da Ásia*. Arnold era um poeta e jornalista inglês casado com uma americana. Tinha vivido na Índia durante algum tempo, retivera um sentimento vívido pelas suas paisagens e sons e ficara profundamente impressionado com a vida do Buda — o candidato da Ásia da maior história jamais contada. Informado pelos estudos europeus disponíveis sobre o budismo, Arnold transformou todas essas influências num maravilhoso relato, na forma de um poema épico sensível e altamente simpático, sobre o "Honrado do Mundo". O jurista americano Oliver Wendell Holmes, que não era conhecido pela falta de fôlego, escreveu um exagerado elogio de vinte e seis páginas no *The International Review*, dizendo que *A Luz da Ásia* era "tão elevado a ponto de não haver nada que se compare a ele, exceto o Novo Testamento". Ele não estava sozinho no seu entusiasmo. O texto criou uma pequena sensação nos Estados Unidos, chegando a oitenta edições e vendendo um milhão e meio de exemplares.

Mal as riquezas espirituais da Índia foram vislumbradas por um crescente público americano, seus visionários começaram a pensar e a falar sobre a possibilidade de união espiritual que está escondida sobre as diferentes fachadas das religiões do Oriente e do Ocidente. Dois deles eram madame Helena Blavatsky e o Coronel Henry Olcott, que fundaram a Theosophical Society em Nova York em 1875, dedicando-a ao estudo das tradições de sabedoria de toda a humanidade, num esforço de descobrir as leis espirituais do universo e as chaves para a realização espiritual humana. Filiais da sociedade logo se multiplicaram aos milhares na América, na Ásia e na Europa. Embora os teosofistas homenageassem todos os grandes santos e sábios do passado religioso da humanidade, era igualmente claro que seus líderes consideravam o Buda o primeiro entre eles. Em 1880, Blavatsky e Olcott[6] viajaram para o Sri Lanka e, em 25 de maio, ajoelhados aos pés de um monge budista, se refugiaram na Tripla Jóia — o Buda, o dharma e a sangha. Foi a primeira vez que americanos faziam essa declaração formal de aliança a uma tradição budista.

Hoje, os Estados Unidos são a nação de maior pluralidade religiosa que a História já conheceu. Se houve um único momento que antecipou esse fato marcante, foi o Parlamento Mundial de Religiões, que aconteceu em Chicago em 1893. Os organizadores do parlamento previram que a crescente globalização que certamente viria com o século XX traria com ela a necessidade de as religiões estabelecerem um diálogo para reduzir a intolerância que contaminou muito da história religiosa. Mais de dez mil cartas contendo convites foram enviadas a representantes de religiões de todo o mundo e atingiram um ponto nevrálgico. O entusiasmo da resposta surpreendeu até mesmo os organizadores mais otimistas. Embora muitos dos delegados do parlamento fossem de vários ramos cristãos — por si só marcante, dada a espinhosa interdominação que prevalecia na época —, também havia um grande contingente de delegados asiáticos, principalmente do Japão e da Índia, mas também da Tailândia, da China e do Sri Lanka.

De fato, o parlamento foi um momento vital para o desenvolvimento do budismo nos Estados Unidos. As tradições do budismo theravada e zen estavam bem representadas. Particularmente incríveis — da mesma forma que a dramática apresentação do budismo feita por Swami Vivekananda — foram as palestras de Anagarika Dharmapala, um visionário e reformador budista do Sri Lanka que cativou platéias com sua apaixonada convicção de que finalmente chegara a hora da abordagem sábia, racional e conciliadora do Buda com relação à vida fazer sua reivindicação à atenção mundial.[7] Poucos dias depois do fim do parlamento, pediram para Dharmapala fazer outra palestra em Chicago. Quando acabou, e enquanto as pessoas se levantavam para sair, alguém anunciou que um evento especial iria acontecer. Charles T. Strauss, um homem de negócios nova-iorquino de origem judia do final do século XIX que tinha uma formação em religião comparada e filosofia, se apresentou para tomar refúgio no Buda, no dharma e na sangha. Assim, em 26 de setembro de 1893, Strauss se tornou a primeira pessoa a formalmente abraçar o sangha budista em solo americano.[8]

Pouco mais de um século depois do Parlamento Mundial, há cerca de três milhões de budistas nos Estados Unidos. Numa estimativa grosseira, dois terços são imigrantes asiáticos, ou *budistas étnicos*, que trouxeram o budismo da sua terra natal com eles. O restante são americanos convertidos que se dividem em dois tipos: aqueles que foram evangelizados por imigrantes budistas (*budistas evangélicos*) e aqueles que se tornaram budistas por iniciativa própria. Muitos americanos que se converteram pertencem a esse último tipo e, como seus antecessores, Blavatsky, Olcott e Strauss, buscaram ativamente o budismo por conta própria, a princípio normalmente por meio de leituras. Por necessidade de um termo melhor, vamos chamá-los de *novos budistas* e depois de uma rápida olhada nos dois outros grupos, a atenção do livro voltará a eles.[9]

Budismo étnico. Por volta de 1852, a corrida do ouro da Califórnia tinha trazido vinte mil chineses para aquele estado. Em torno de 1870, o número tinha mais que triplicado. Templos chineses, mesclas de suscetibilidades confucionistas, taoístas e budistas mahayana começaram a pintar a paisagem da Califórnia. As organizações exclusivamente budistas apareceram principalmente nos últimos cinqüenta anos. Há cerca de cento e vinte e cinco organizações budistas chinesas nos Estados Unidos, mais da metade na Califórnia, e um quinto delas em Nova York. Entres elas está o Templo Hsi Lai, perto de Los Angeles, o maior complexo monástico budista do Ocidente, construído em 1988 numa área de vinte acres a um custo de trinta milhões de dólares. Abriga uma universidade budista e uma editora, além de servir como escritório central da Budha's Light International Organization, a qual tem mais de cem capítulos regionais. Seu ecumenismo tem atraído theravadins, mahayanistas e vajrayanistas a participarem dos seus programas, e seus membros não são apenas da comunidade de chineses étnicos, mas também outros americanos, de origem asiática e européia.

Outra é a Sino-American Buddhist Association, cujo fundador e durante muito tempo seu líder, o ilustre Hsuan Hua, adquiriu uma grande área no Ukiah Valley, na Califórnia, em 1959, a qual ele chamou de Cidade dos Dez Mil Budas. Seus 488 acres e mais de sessenta edifícios abrigam a Dharma Realm Buddhist University e o mosteiro Gold Mountain.[10] Aqui, monges e monjas praticam ensinamentos retirados de todas as cinco principais escolas do budismo chinês — Ch'an, Vinaya, Tien-T'ai, Tantra e Terra Pura. A associação tem outros oito mosteiros e eremitérios nos Estados Unidos.

Trabalhadores japoneses começaram a chegar ao Havaí em número significativo no final da década de 1880 e um templo do budismo terra pura foi erigido, começando a funcionar por volta de 1889, um ano depois de o Havaí ter sido anexado pelos Estados Unidos. Em 1898, missionários japoneses da linha terra pura fundaram nos Estados Unidos continentais a Buddhist Mission of North América que, em 1944, teve seu nome mudado para Buddhist Churches of America. Com a sede em San Francisco e com mais de sessenta igrejas sob suas asas, é o maior e mais organizado dos vários enclaves étnicos budistas.

As comunidades de imigrantes coreanos e vietnamitas que vieram depois também trouxeram suas tradições budistas locais com eles, as quais, como as das comunidades chinesas e japonesas, eram principalmente mahayanistas. As ainda jovens comunidades de imigrantes do Laos, tailandeses, cambojanos e birmaneses trouxeram com elas formas do budismo theravada tradicional.

Budismo evangélico. O primeiro exemplo americano de budismo evangélico é o Soka Gakkai ("Sociedade de Criação de Valor"). Nas raízes do Soka Gakkai estão as idéias do sacerdote e reformador budista japonês Nichiren, do século XIII, que se convenceu de que a maneira meditativa do Caminho Óctuplo do Buda não era mais viável para a maioria das pessoas. Ele tinha o *Sutra do Lótus* como a epítome da sabedoria budista e um tremendo repositório de poder espiritual. Não é necessário ler o sutra, apenas reverenciá-lo — por meio da repetição das palavras *Namo Myoho Renge Kyo*, "Louve o Lótus da Boa Lei". Os devotos crêem que essa prática lhes traz benefícios tanto materiais quanto espirituais. O Nichiren-Shoshu (seita nichiren), administrado por sacerdotes, prosperou ao longo dos séculos e passou por um período de crescimento explosivo depois da Segunda Guerra Mundial. O Soka Gakkai, fundado em 1930 como um ramo do Nichiren-Shoshu, administrado por leigos, viveu um crescimento pósguerra semelhante e se tornou um dos maiores e mais prósperos corpos religiosos, ativamente envolvido na execução da sua política. Veio para os Estados Unidos na década de 1960 e tem sua sede em Santa Monica, assim como o Nichiren Shoshu da América. Por volta de 1974, orgulhava-se de ter duzentos e cinqüenta e oito capítulos e mais de duzentos mil membros, com o maior contingente em Los Angeles.

Podemos nos ocupar agora do terceiro budismo americano, que — por ser o mais inato dos Estados Unidos é mais provável de interessar o leitor deste livro — nos ocupará daqui em diante.

1 5

~~~

ADAPTAÇÕES:
O Novo Budismo

O que há de novo no novo budismo americano? Cinco coisas: é centrado na meditação e é basicamente um fenômeno leigo. Exibe paridade de gênero. Realiza polinização cruzada. É social e politicamente atuante.

1.2. *É centrado na meditação* e é um *fenômeno leigo.* As duas primeiras observações devem ser consideradas juntas. Durante vinte e cinco séculos, no budismo asiático, monges e monjas têm sido a vanguarda da tradição e a meditação, sua incumbência quase exclusiva (e freqüentemente por uma fração da elite). A grande maioria dos leigos budistas limitou suas preocupações a alcançar mérito — o acúmulo de karma positivo que leva a um renascimento melhor por meio da conduta ética e da observância do ritual. O Novo Budismo da América, porém, transformou esse arranjo tradicional. Primeiro, é um movimento basicamente leigo. E segundo, a meditação não é a incumbência de uns poucos especialistas, mas a prática básica da maioria.

Um recente estudo social descobriu que, entre os budistas americanos, 92,4% consideram a meditação a atividade mais importante que seu grupo executa,[1] e o autor do estudo diz que "se há uma única característica que define o novo budismo para a maioria dos seus membros, é a prática da meditação".[2] Durante os sessenta primeiros anos do século XX, vinte e um centros de meditação budistas foram fundados. Entre 1964 e 1975, cento e dezessete novos centros foram abertos. Entre 1975 e 1984, mais trezentos e oito se somaram aos outros. E entre 1985 e 1997, seiscentos e oito novos centros de meditação entraram no quadro, mais que dobrando o número já existente até então e elevando o total de centros americanos a mais de mil. O novo budismo da América nos deu, portanto, algo que nunca tínhamos visto antes: um budismo que é predominantemente *leigo* e *centrado na meditação*.

Dois importantes corolários se seguem. Primeiro, o novo budismo redefiniu as fronteiras da sangha budista tradicional. Na sua forma mais rígida, nos primeiros dias da missão do Buda, a sangha incluía apenas monges e monjas. Logo começou a incluir todas as pessoas, clérigos e leigos, que formalmente se refugiaram no Buda, no dharma e na sangha, a Tripla Jóia. No Novo Budismo, porém, parece ser de conhecimento comum o acordo informal, encorajado por influentes professores asiáticos,[3] de que a sangha inclui todas as pessoas que praticam a meditação budista, tenham ou não buscado refúgio.

O segundo corolário é que a constituição basicamente leiga do Novo Budismo afrouxou e, em alguns casos, praticamente dissolveu, os laços de autoridade comuns na Ásia budista que colocam automaticamente os monges acima dos leigos, os anciões acima dos jovens e os homens acima das mulheres. Os grupos budistas americanos foram influenciados decisivamente pelo meio pluralista, democrático e sexualmente consciente no qual se encontram. Especialmente por causa das lições aprendidas quando, na década de 1980,[4] o abuso de poder lançou algumas comunidades budistas numa agitação, até mesmo a autoridade do mais carismático professor parece agora estar aberta às perguntas e à discussão. A administração e a tomada de decisões em muitos desses grupos estão, hoje, nas mãos de um conselho ou de um grupo deliberativo que age por consenso.

3. *Mulheres e homens são iguais*. Embora não se possa dizer que o novo budismo da América rompeu totalmente com o legado de desigualdade entre os sexos da cultura asiática e da história budista, a tendência da sociedade ocidental de cultuar a igualdade entre os sexos está transformando esse legado. Em muitos grupos budistas americanos há mais mulheres que homens. Ambos os sexos praticam juntos, como iguais, e têm as mesmas funções e responsabilidades de um modo quase desconhecido na Ásia budista. O sociólogo James Coleman relata:

Embora quase todos os professores asiáticos e a maioria dos ocidentais sejam homens, há um número crescente de mulheres em elevadas posições de respeito e de autoridade. Hoje ninguém se surpreende ao ver mulheres liderando retiros, dando palestras sobre dharma, ou dirigindo grandes centros budistas. Em um nível mais teórico, não importa quem ocupe essas posições de poder, quase todos os grupos budistas ocidentais reconhecem a total igualdade dos sexos e a capacidade de todas as pessoas de ambos os gêneros de realizar sua verdadeira natureza e alcançar a iluminação.[5]

4. O budismo americano realiza *polinização cruzada*. O historiador Rick Fields observa que "os budistas asiáticos que não se comunicaram durante centenas ou milhares de anos agora se vêem sentados próximos uns dos outros em um novo lar (americano)".[6] Coleman concorda: "Nunca antes, na longa história do budismo, todas as suas principais tradições entraram numa nova área ao mesmo tempo e nunca antes houve tanto contato e trocas entre essas diferentes tradições."[7] Muitos vêem essa situação como uma oportunidade sem precedentes para a evolução criativa. Os híbridos são, afinal de contas, a própria matéria da vida. Os proponentes observam que a fertilização cruzada de idéias pode catalisar um exame crítico revolucionário de conclusões sobre superioridade sectária não examinadas antes disso. Nem todos, porém, são otimistas quanto aos efeitos do caldeirão de culturas americano. Os cruzamentos renovam a vida, mas a biologia também nos ensina que muitas mutações são nocivas. Alguns professores (conforme veremos no capítulo 18) sentem que o diálogo pode dissolver os ensinamentos e levar a um sincretismo ineficiente.

5. *É social e politicamente atuante*. O último elemento do Novo Budismo é um pouco diferente dos outros. Não é uma característica de todo o tecido budista, como as outras quatro, e até hoje continua um redemoinho no fluxo principal. Mas é tão importante que pelo menos um estudioso já perguntou se ele vai se tornar o quarto yana, ou veículo, do budismo. Além do que, não é novo no sentido de não ter precedentes asiáticos. Nos últimos oitenta anos, o Vietnã, a Tailândia e o Sri Lanka testemunharam um grande número de movimentos budistas importantes na consecução de mudanças sociais.[8] O símbolo de um deles permanece marcado a ferro nas lembranças de muitos que estavam vivos naquela época: a auto-imolação

de um monge budista em protesto pela Guerra do Vietnã. E uma das inspirações do ativismo budista ocidental é um outro monge zen vietnamita, Thich Nhat Hanh, cuja própria vida e atividade política foram talhadas profundamente pelas agonias da guerra. Infatigavelmente comprometido com a importância da vida meditativa, Nhat Hanh se lembra, contudo, como o tema da ação sociopolítica surgiu para ele:

> *Muitas das nossas aldeias estavam sendo bombardeadas. Junto com meus irmãos e irmãs do mosteiro, tínhamos de decidir o que fazer. Devíamos continuar a praticar nos nossos mosteiros, ou devíamos deixar as salas de meditação para ajudar as pessoas que sofriam com as bombas? Decidimos fazer as duas coisas — sair e ajudar as pessoas e fazer isso com atenção consciente. Chamamos isso de budismo atuante.*[9]

Neobudistas que compartilham a mesma idéia afirmam que não é o bastante trabalhar para a paz interior individual. O que se faz também profundamente necessário é um esforço correspondente para transformar as injustiças sociais a fim de se diminuir o sofrimento de grande parte da humanidade. Na verdade, dizem eles, a prática do budismo em si aponta nessa direção, pois quanto mais se percebe a natureza interdependente da vida e o altruísmo — aquilo que Nhat Hanh chama de "inter-ser" — mais surge compaixão, não apenas como algo que irradia do alto de uma almofada de meditação, mas como algo a ser ativamente empregado neste mundo de sofrimento. Budistas ocidentais atuantes têm trabalhado em hospitais, hospícios, presídios com vítimas da AIDS e com os sem-teto. Eles têm se unido às causas de direitos humanos, aos protestos antinucleares e pró-ecológicos, participado de caminhadas pela paz, de esforços antiguerra e da educação para a transformação social não-violenta.

Muito do trabalho dos budistas socialmente atuantes tem sido coordenado pela Buddhist Peace Fellowship. Fundado por uns poucos "ativistas meditativos" em Maui, em 1978, e contando hoje com quatro mil membros, tem, no momento, sua sede em Berkeley e é aberta a todos. Sua declaração de propósito tem cinco itens: (1) dar testemunho público da prática budista e da interdependência como forma de paz e proteção para todos os seres; (2) conscientizar os budistas norte-americanos a respeito da paz, do meio ambiente e da justiça social; (3) trazer a perspectiva budista de não-dualidade para a ação social e os movimentos ambientais contemporâneos; (4) encorajar a prática da não-violência baseada nas ricas fontes do budismo tradicional e dos ensinamentos espirituais ocidentais; e (5) oferecer meios de diálogo e de intercâmbio entre as diversas sanghas da América do Norte e do mundo.[10]

Um exemplo surpreendente de budismo atuante é o San Francisco/Hartford Street Zen Center's Maitri Hospice para doentes da AIDS, fundado no final da década de 1980. Outro é o trabalho de Joanna Macy, uma brilhante estudiosa e escritora budista, formada nas tradições theravadin e tibetana, que optou por deixar uma promissora carreira acadêmica para trabalhar mais diretamente pela paz e pela mudança política. Por mais de vinte e cinco anos, Macy tem viajado pelo mundo ministrando oficinas antinucleares e pró-ecológicas e inspirando as pessoas a superar seu sentimento de desamparo e a trabalhar de forma não-violenta pela paz. O ativismo budista de Macy também foi moldado pelo seu trabalho de campo com Sarvodaya, um movimento popular de desenvolvimento econômico iniciado pelas comunidades aldeãs do Sri Lanka.[11]

Um outro exemplo de budismo engajado é o da Zen Community of New York, dirigida por Roshi Bernard Tetsugen Glassman. A comunidade abriu uma padaria que já treinou centenas de sem-teto crônicos e gerou empregos para muita gente. Também construiu o albergue familiar Greyston Family Inn, o qual assegura residência permanente e presta serviços de apoio a famílias que já foram sem-teto. Como uma alternativa para o *sesshin*, os grupos intensivos de meditação zen que duram uma semana inteira, Glassman introduziu o "retiro de rua". Os participantes devem levantar mil dólares para cada dia de retiro e doar os fundos para organizações de ajuda aos sem-teto. Eles praticam durante cinco dias — caminhando pelas ruas de Nova York sem um centavo para comer, sem trocar de roupas, sem um lugar para dormir, esmolando, comendo as sopas das instituições de caridade e tentando sobreviver. As duas vezes que praticam diariamente o zazen (a meditação sentada do zen) durante esse período, concretizam uma duradoura lição sobre sofrimento e compaixão.

A oferta de assistência social e a luta pela transformação social são sem dúvida aspectos críticos do budismo atuante, mas, conforme o próprio Thich Nhat Hanh observa, também o são os simples atos de cortesia que cultivamos na nossa rotina diária. O budismo atuante inclui um grande espectro de possibilidades, as quais são meios de aplicar os ensinamentos do Buda, vivendo a vida que ele modelou, e seguindo o que ele pregou. Não é surpreendente que tanto Thich Nhat Hanh quanto o Dalai Lama, homens que tiveram de lidar com muito sofrimento humano durante grande parte das suas vidas, estejam entre os principais proponentes contemporâneos do budismo atuante. O que talvez seja, pelo menos um pouco, surpreendente é que, apesar das agonias que eles bem conhecem, nenhum deles parece esquecer o conselho do Buda de que a ação verdadeiramente eficiente flui apenas de estados mentais saudáveis e discernidos. Qualquer um dos dois poderia ter escrito o que o Dalai Lama escreveu no discurso de recebimento do prêmio Nobel da Paz, em 1989: "A paz interior é a chave. Nesse estado de ânimo você pode lidar com situações com calma e razão."[12]

1 6

A AMÉRICA COMEÇA A MEDITAR I:
Os Caminhos do Zen

Em 1997, 40% dos mais de mil grupos budistas de orientação meditativa da América do Norte estavam afiliados à tradição zen. O zen é a maior presença budista individual da América do Norte, em parte por ser a mais velha. Entre os participantes do Parlamento Mundial de Religiões de Chicago, em 1893, havia um sacerdote de rinzai zen chamado Soyen Shaku. Quando ele voltou para os Estados Unidos em 1905 para ensinar o zen em San Francisco, foi apenas por alguns meses. Mas três dos seus alunos vieram para os Estados Unidos e ficaram muito mais tempo.

Um deles, Sokei-an, fundou a Buddhist Society of America (mais tarde rebatizada de First Zen Institute Of America), em Nova York, em 1931. Não foi um começo particularmente auspicioso. A sociedade tinha, de início, apenas quatro membros; quatro anos depois eram quinze; sete anos mais tarde, trinta. Sokei-an comparava a dificuldade de cultivar o budismo nos Estados Unidos ao ato de esperar um lótus se enraizar ao se segurar a flor sobre uma rocha. De fato, foi só em 1959 que uma comunidade de prática zen maior se formou nos Estados Unidos. O que Sokei-an não podia suspeitar, porém, era que por volta de 1975 haveria uma centena delas.

Nyogen Sensaki veio para os Estados Unidos em 1905, como assistente pessoal de Soyen. Antes de partir, Soyen disse a Sensaki que não ensinasse o zen durante dezessete anos. Sensaki trabalhou como garoto de recados, agricultor e gerente de hotel durante esses anos, comparando-se a um cogumelo — "sem uma raiz muito profunda, sem galhos, sem flores e provavelmente sem sementes". Mas em 1922, tendo acabado seu silêncio obediente, começou a lecionar. Até a sua morte em 1958, ele reuniu grupos zen em San Francisco e Los Angeles numa série de salas alugadas que chamava de "zendo flutuante" (*zendo* é uma sala de meditação zen). Com os praticantes de meditação sentados em cadeiras, ele ensinava zazen para os japoneses numa noite e, na outra, para os que falavam inglês. Entre esses últimos estava Robert Aitken, que mais tarde viria a fazer parte da primeira geração de mestres zen americanos. Uma vez, descrevendo a si mesmo da mesma maneira que descrevia seu ideal, Sensaki anotou: "Um monge budista é celibatário e vive da forma mais simples possível. Nunca cobra. Aceita roupas usadas e sapatos velhos e os usa. Qualquer excesso de comida ou dinheiro ele distribui. Dorme tranqüilamente sem preocupações, sem nada possuir."

Em 1945, temporariamente sem teto depois de ter sido liberado de um campo de internação americano para japoneses, Sensaki compôs os seguintes versos sobre o aniversário da morte do seu professor:

Há quarenta anos não vejo
Meu professor, Soyen Shaku, em pessoa.
Tenho levado o seu zen no meu punho vazio,
Perambulando desde então neste país estranho.
A chuva fria purifica tudo na terra.
Na grande cidade de Los Angeles, hoje,
Abro meu punho e estico os dedos
Numa esquina, na hora do rush do fim de tarde.[1]

O terceiro aluno que Soyen Shaku mandou para os Estados Unidos, Daisetz Teitaro (D.T.) Suzuki, também determinou um outro padrão. Nascido em 1870, Suzuki, ainda garoto, aprendeu inglês sozinho por meio de livros. Quando Soyen Shaku precisou que seu discurso para o Parlamento Internacional fosse vertido para o inglês antes de ele ir aos Estados Unidos, chamou Suzuki, na época um dos seus monges noviços. Enquanto estava nos Estados Unidos, Soyen fez alguns amigos, entre os quais Paul Carus, um escritor e editor profundamente interessado pelo budismo. Tendo sido aconselhado por Soyen, Carus convidou Suzuki para trabalhar com ele na editora Open Court Publishing Company, em La Salle, Illinois. Suzuki chegou em 1897 e permaneceu no Ocidente, principalmente nos Estados Unidos, durante quatorze anos. Em 1911, casado com uma americana, Suzuki voltou ao Japão para retomar seus estudos de zen com Soyen. Quando Soyen morreu em 1919, Suzuki deixou o mosteiro e se tornou professor, ensinando filosofia da religião na universidade de Kioto. Por volta de 1927, já tinha escrito dois livros sobre budismo mahayana[2] em inglês, mas naquele ano produziu *Essays in Zen Buddhism: First Series*, a fonte da qual um prodigioso jorro de zen fluiria, e cuja ampla leitura faria do professor Suzuki (que morreu em 1966, aos 96 anos, ainda trabalhando) a maior influência individual do século XX na vinda do zen-budismo para os Estados Unidos.

Em 1936, Suzuki visitou a Inglaterra para participar do Congresso Mundial das Religiões. Lá, encontrou um inglês de 21 anos que tinha se declarado budista aos 15 e cujos escritos posteriores viriam a contribuir para a evolução do zen americano talvez apenas um pouco menos que os de Suzuki. Seu nome, Alan Watts. Depois da Segunda Guerra Mundial, Susuki veio para os Estados Unidos para dar uma série de palestras na Universidade de Columbia. Na platéia estava Philip Kapleau, um futuro mestre zen, o psicanalista Erich Fromm e o músico John Cage, os quais viriam a ter importantes papéis na introdução do zen nos Estados Unidos. Os escritores beats Jack Kerouac e Allen Ginsberg perderam as palestras de Suzuki em Colúmbia, mas o alcançaram na Biblioteca Pública de Nova York. O jovem Gary Snyder (cuja poesia zen chegaria mais tarde a alcançar um público enorme) tinha lido um pouco sobre o budismo quando ainda estava estudando no Reed College, mas foi ao passar por San Francisco, no seu caminho para a escola de graduação em Indiana, que comprou um exemplar do *Essays in Zen Buddhism*, de Suzuki, e o jogou na mochila. Quando Kerouac e Ginsberg finalmente se encontraram com Snyder em San Francisco em 1955, compartilhavam o mesmo interesse pelo zen, e Suzuki era um fator-chave na sua química. Mais ou menos na mesma época, Snyder, ao participar de um grupo de estudo budista em Berkeley, deu com um inglês quarentão, bem articulado, que, depois de um trabalho como capelão episcopal na North-western University, tinha agora se estabelecido na área da baía de San Francisco. Era o já mencionado Alan Watts.

Essa foi uma pequena lista dos personagens por trás da fase inicial da explosão do zen americano na década de 1960, uma fase na qual um zen basicamente literário — idéias zen, estilo zen, mas ainda não muita meditação zen — principiou a colocar suas meadas na tapeçaria americana. Gary Snyder, uma exceção, tinha se sentado na posição do zazen sobre seu saco de dormir enrolado durante anos, mas Watts, por exemplo, era extrovertido demais para acalmar sua mente e dava a impressão de evitar a almofada de meditação como quem evita uma praga. Sobre aqueles dias, Allen Ginsberg escreveria: "Ninguém sabia muito sobre zazen. Era uma grande tragédia. Se alguém tivesse simplesmente nos ensinado a sentar, endireitar a espinha, seguir a respiração, teria sido uma grande descoberta."[3]

Entra em cena um segundo Suzuki. Shunryu Suzuki era um sacerdote do soto zen que chegou à região de San Francisco na primavera de 1959, vindo de Tóquio, para liderar o templo Soto Zen Mission na cidade japonesa de San Francisco. Desde a sua fundação em 1934, era um enclave de budistas étnicos, muito circunscrito à comunidade japonesa. Mas nos anos imediatamente anteriores à chegada de Suzuki, alguns ocidentais começaram a freqüentar os seus serviços e a praticar zazen. Sob Suzuki Roshi, o número aumentou. Para os ocidentais que buscavam ser admitidos, Suzuki Roshi costumava dar uma resposta padrão: "Eu medito às cinco e meia da manhã. Se você quiser me acompanhar, será bem-vindo."

Se os beats e outros aficcionados pelo zen do final dos anos 50 achavam que — mais uma vez, com a exceção de Gary Snyder — meditar diminuía seu estilo vistoso, a juventude da década de 1960 não pensava assim. Estava ansiosa para meditar. Com Shunryu Suzuki, a oferta teve demanda. A ênfase de Suzuki Roshi na prática da meditação como princípio, bem como suas instruções específicas sobre como conduzi-la eram, em última instância, derivadas de Dogen, o patriarca do século XIII da escola Soto Zen, considerado por alguns como um dos intelectos mais brilhantes que o Japão já produziu. Disse Dogen (que morreu enquanto praticava zazen):

Na busca do Caminho, o princípio essencial é o zazen. Apenas passar o tempo sentado ereto, sem nenhum pensamento de aquisição, sem nenhuma sensação de ter conseguido a iluminação — essa é a maneira dos patriarcas. É verdade que nossos predecessores recomendaram tanto o koan quanto a meditação, mas foi na meditação que eles insistiram mais particularmente. Verdadeiramente o mérito está na meditação. Simplesmente continuar meditando é o modo pelo qual fazemos o Caminho se tornar uma parte íntima da nossa vida. Assim, a consecução do Caminho se torna verdadeiramente alcançada pelo corpo. É por isso que coloco uma ênfase exclusiva na meditação.[4]

O entusiasmo com o qual muitos alunos de Suzuki Roshi mergulharam na meditação era sem dúvida alimentado pela antecipação da conquista do fim ao qual a meditação deve nos levar — aquela incomparável, inefável, explosão de intuição, chamada de satori ou kensho, que sinaliza a iluminação zen. O satori era, afinal de contas, um tema constante nos escritos do estudioso zen D. T. Suzuki, na época considerados a rigor pelos estudantes de zen. Mas o segundo Suzuki tinha uma surpresa escondida. Num grande contraste com o primeiro Suzuki, Shunryu Suzuki mal mencionava o satori. De fato, enquanto insistia na meditação, ele ensinava que não havia nada a conseguir dessa forma. "Assumir a postura já é estar no estado mental correto", dizia, provavelmente para a consternação daqueles que interpretavam o profundo desconforto do começo do seu treinamento zazen como sendo o pólo oposto da iluminação. Mas Suzuki Roshi insistia calmamente: a meditação não traz a iluminação; ela participa de uma iluminação que já está lá. Conforme o próprio Dogen ensinou, a prática e a iluminação não são duas coisas distintas:

No budismo, a prática e a iluminação são a mesma coisa. Uma vez que a prática tem sua base na iluminação, até mesmo a prática de um iniciante contém toda a iluminação original. Uma vez que a iluminação já está contida no exercício, não há fim para a iluminação; e uma vez que é o exercício de iluminação, não tem começo.[5]

Praticar o Caminho com todo o coração é, por si só, a iluminação. Não há separação entre a prática e a iluminação ou entre o zazen e a vida cotidiana.[6]

Não é difícil sentir o prazer sereno que Suzuki Roshi tinha ao ajudar seus alunos a perceberem que a meditação não significa viver algumas experiências e depois está tudo acabado, mas sim viver no mundo de forma diferente — significa um modo de vida que é incessantemente refinado. "Quando um peixe nada fora d'água, não há fim", dizia citando Dogen, e acrescentava:

> *É muito interessante que não haja fim. Porque não haver fim para a nossa prática é bom. Você não acha? Normalmente, você espera que a nossa prática seja eficiente o bastante para pôr fim ao nosso duro treinamento. Se eu dissesse para você praticar arduamente durante dois anos, então você se interessaria pelo nosso treinamento. Se eu dissesse para você praticar a vida inteira, então você ficaria desapontado. Você diria, "o zen não é para mim". Mas se você entender que o motivo que faz você se interessar por essa prática é porque nosso treinamento é interminável, isso é verdadeira compreensão. É por isso que eu me interesso pelo budismo. Não há fim.*[7]

Os ensinamentos de Suzuki Roshi continuaram na sua maior parte confinados entre as paredes do San Francisco Zen Center, que ele e sua comunidade fundaram no começo da década de 1960, até o surgimento, em 1970, de um pequeno livro com suas palestras. Muito popular, *Zen Mind, Beginner's Mind* continua a exercer influência sobre o budismo americano trinta anos depois da sua publicação.

O San Francisco Zen Center continua a ser um importante eixo do budismo americano, muito tempo depois da morte de Suzuki, em 1971, produzindo uma nova geração de professores zen-budistas americanos.

Uma história semelhante aconteceu no sul da Califórnia, onde Taizan Maezumi Roshi fundou o Zen Center of Los Angeles em 1968. Os professores de Maezumi tinham sido Harada Roshi e Yasutani Roshi, que tentaram amalgamar as idéias e práticas das linhas soto e rinzai. Depois da sua morte, em 1995, Maezumi deixou doze herdeiros do dharma,[8] alguns dos quais fundaram suas próprias comunidades zen em outras partes dos Estados Unidos. Dois exemplos que se destacam são as já mencionadas Zen

Community of New York de Bernard Tetsugen Glassman e o Zen Mountain Monastery [9] de John Daido Loori, em Mt. Tremper, Nova York.

Estudando na mesma linha de Maezumi, estavam os americanos Philip Kapleau (nascido em 1912) e Robert Aitken (nascido em 1917). Kapleau se interessou pelo zen enquanto era repórter correspondente do Tribunal Internacional de Crimes de Guerra, em Tóquio, em 1948. Depois de passar treze anos treinando no Japão, fundou o Zen Meditation Center of Rochester, em Nova York, em 1966, um ano depois de publicar *The Three Pillars of Zen,* o primeiro livro importante sobre o zen escrito por um ocidental. Também um clássico consagrado, *Pillars* contrasta veementemente com o *Zen Mind*, de Shunryu Suzuki. Esse último é uma tentadora série indireta de reflexões leves sem uma ordem particular. O primeiro é um verdadeiro depósito de informação, magistral na organização e de estilo lucidamente direto. Kapleau Roshi, como a linha rinzai na qual ele tinha parcialmente se formado, era cético quanto ao que viu com relação à diminuição da importância da experiência do satori/iluminação que os praticantes de zen influenciados por Dogen faziam. Em *Pillars,* o satori está claramente colocado, e uma das principais partes do livro inclui relatos de homens e mulheres que viveram isso. Mas os livros e os dois roshis concordam totalmente em pelo menos uma coisa: que o coração do budismo, o coração do zen, é a prática do zazen. A obra de Kapleau foi provavelmente a primeira a incluir instruções detalhadas sobre como praticá-lo. Muitas pessoas que nunca encontraram um professor de zen, nem nunca viveram próximas de um grupo de zen deram seus primeiros passos no caminho da meditação por meio desse livro.

Robert Aitken descobriu o zen quando caiu prisioneiro dos japoneses durante a Segunda Guerra Mundial. Estimulado por repetidas leituras do *Zen and English Literature*, de R. H. Blyth, um livro que foi emprestado a ele por um carcereiro, Aitken ficou espantado ao encontrar Blyth preso junto com ele. As conversas que tiveram num período de quatorze meses incitaram o interesse de Aitken pelo zazen quando a guerra acabou. Ele encontrou um dos seus estimados professores, Nyogen Sensaki, durante uma breve passagem por Berkeley e participou do primeiro de muitos sesshin (intensivos de prática zen) no Japão, em 1950. Em 1959, tendo se estabelecido no Havaí, Aitken e sua esposa, Anne Hopkins, começaram um grupo de zazen chamado Diamond Sangha e iniciaram o koko-an zendo em Honolulu. Dez anos mais tarde, depois de um extenso período de estudos adicionais com Yasutani Roshi no Japão, Aitken e a sua esposa se mudaram para Maui e fundaram o Maui Zendo. Lá, em 1978, Aitken e outros fundaram o Buddhist Peace Fellowship (veja capítulo 15) "para trazer uma perspectiva budista ao movimento da paz e para trazer o movimento da paz para a comunidade budista". Mestre zen, ativista e autoridade na aplicação da ética budista no mundo moderno, Aitken Roshi tem muitos alunos que acabaram fundando suas próprias comunidades zen.[10]

Walter Nowick foi chamado de o mestre zen mais modesto dos Estados Unidos. Poucos sabem que ele foi o primeiro americano a receber a transmissão total de uma linha ortodoxa do rinzai zen. Músico treinado no Juilliard, tendo estudado no First Zen Institute de Nova York, Nowick trabalhou no Japão durante anos com Zuigan Goto Roshi antes de se tornar um dos seus herdeiros de dharma. Os ensinamentos de Nowick Roshi e o zendo na área rural do Maine são graciosamente — embora de forma anônima — retratados na perceptiva dissertação zen *A Glimpse of Nothingness*, de J. van de Wetering.

As mulheres representaram um importante papel no florescimento do zen americano como alunas e professoras. Blanche Hartman e Linda Ruth Cutts, alunas de Suzuki Roshi, foram abadessas do San Francisco Zen Center. Yvonne Rand, que se converteu desde que encontrou Suzuki Roshi em 1966, também tem sido uma figura central na ascensão dos centros de zen. Ela traz uma perspectiva pró-escolha, antiaborto aos temas relacionados com reprodução ao defender o direito da mulher de escolher, enquanto, ao mesmo tempo, ensina que a gravidade moral do aborto faz dele uma opção de último recurso. Jan Chozen Bays e Joko Beck receberam a transmissão do dharma de Maezumi Roshi em Los Angeles; a primeira leciona agora no Oregon e a outra dirige o San Diego Zen Center. Jiyu Kennet, uma inglesa treinada no Japão, recebeu a transmissão do dharma da linhagem soto e fundou a abadia Shasta, no norte da Califórnia. Maurine Myoon Stuart, ex-diretora da Cambridge Buddhist Association, estudou rinzai zen com Eido Tai Shimano da Zen Studies Society de Nova York e virou uma roshi sob a supervisão do professor de Eido, Soen Nakagawa Roshi, em 1982. Roko Sherry Chayat, também aluna de Eido Roshi, dirige o centro zen de Syracuse, Nova York. Toni Packer foi uma das principais alunas de Philip Kapleau Roshi e sua provável sucessora até que o ceticismo dela sobre a relevância das formas tradicionais japonesas na prática do zen americano levou a um rompimento. Em 1981, Packer e seus alunos fundaram o Genesee Valley Zen Center, hoje Springwater Center, em Springwater, Nova York. Enquanto a tradição zen freqüentemente fala sobre o cultivo da não-mente, a maneira como Packer aborda a investigação meditativa, influenciada pelos ensinamentos iconoclastas de J. Krishnamurti, podem ser chamados de não-zen ou até mesmo de não-budistas. Packer parece estar levando a novos limites a originalidade explosiva da forma celebrada nos anais dos mestres zen.

Nem toda presença do zen americano tem suas raízes no Japão. O carismático mestre zen coreano Soen Sa Nim (nascido em 1927) chegou aos Estados Unidos em 1972 e, junto com seus alunos, fundou centros zen em Providence, Cambridge, New Haven, Nova York, Los Angeles e Berkeley. O zen vietnamita é representado em parte pelo já mencionado Thich Nhat Hanh (nascido em 1926; veja capítulo 15), que dirige uma rede internacional de sanghas conhecida como a Comunidade para uma vida Consciente, e também por Thich Thien-an (1926-80), honrado como o primeiro patriarca vietnamita-americano do budismo. Thien-an veio para os Estados Unidos em 1966, como professor visitante da UCLA. Por volta de 1970, os praticantes de meditação que ele instruía haviam se tornado o International Buddhist Meditation Center em Los Angeles. Três anos depois, ele fundou a University of Oriental Studies. Embora tivesse sido treinado na tradição Lin Chi (Rinzai) do Ch'an (zen) budismo, o estilo de Thien-an era ecumênico, atraindo professores theravadins, tibetanos, coreanos e shingon japoneses para a universidade.

Até mesmo um exame um pouco menos profundo da onda do zen americano precisaria de bem mais espaço do que temos disponível. Felizmente, podemos dar referências de excelentes fontes aos leitores interessados.[11]

1 7

A AMÉRICA COMEÇA A MEDITAR II:
O Budismo Tibetano no Exílio

O zen está nos Estados Unidos desde o começo do século XX. O budismo tibetano não apareceu senão meio século depois, mas germinou nos anos 70 e explodiu nas duas décadas seguintes. Entre 1987 e 1997, os grupos de budismo vajrayana da América do Norte dobraram seu número de cento e oitenta para trezentos e sessenta e representam hoje um pouco mais de um terço dos grupos budistas voltados para a meditação.

Tudo começou de maneira bastante modesta, quando, em 1955, um monge e estudioso mongol, Geshe Wangyal, se mudou para Freehold Acres, New Jersey, onde uma pequena comunidade mongol, que tinha sido desalojada do seu país pela Segunda Guerra Mundial, já havia se estabelecido. Existiam alguns templos tibetanos na área, servindo também de centros comunitários, mas Geshe Wangyal (*geshe* é o equivalente vajrayana de Ph.D., um título conferido apenas depois de dezessete anos de rigorosos estudos) visionou algo mais. Geshela, como seus alunos afetuosamente o chamavam, fundou o Lamaist Buddhist Monastery of America, o primeiro mosteiro tibetano dos Estados Unidos, hoje rebatizado de Tibetan Buddhist Learning Center. Ele logo recebeu dois jovens *tulkus* tibetanos (tulku é o título dado a alguém que se acredita ser a reencarnação de um antigo e ilustre lama tibetano) e outro geshe tibetano, Geshe Sopa, que mais tarde viria a se tornar uma figura-chave no programa de estudos budistas embrionário da University of Wisconsin, em Madison.

Tendo ouvido falar da presença de Geshe Wangyal, alguns alunos de Harvard foram ao seu encontro e pediram que ele lhes desse algumas lições. Ele concordou em ensinar — sim, meditação e o caminho vajrayana pelo qual estavam ansiosos, mas primeiro e mais importante era, conforme condiz com a inclinação erudita de Geshe, aprender o tibetano. O pagamento que exigiu era que eles ensinassem inglês aos jovens tulkus.

Um desses alunos era Robert Thurman. Thurman, fluente em tibetano, apreciava tanto os ensinamentos tibetanos que, por volta de 1964, pressionou Geshela a ordená-lo. Geshe recusou, mas vendo que Thurman não seria dissuadido, sugeriu que fosse para a Índia e fizesse o mesmo pedido ao Dalai Lama. Geshe Wangyal acompanhou Thurman até a Índia e o apresentou à Sua Santidade, que encorajou Thurman a continuar seus estudos ali. Daí a um ano, Thurman se tornou o primeiro americano a ser ordenado monge do budismo tibetano.

Quando Thurman voltou aos Estados Unidos, achou que ser monge não convinha àquela realidade e abandonou a túnica monástica, mas seu amor pelo dharma não diminuiu. Estimulado por Geshe Wangyal, continuou seus estudos tibetanos e completou um doutorado em Harvard. Hoje professor Jey Tsong Khapa de Estudos de Budismo Tibetano da Columbia University, o efervescente Thurman é um dos mais respeitados intérpretes, tradutores e formadores do vajrayana americano. Apesar da sua decisão anterior de se tornar um leigo budista, Thurman é um fiel defensor do estabelecimento das tradições monásticas da Ásia no Ocidente como subestrutura necessária para uma transmissão bem-sucedida a longo prazo do dharma para o mundo ocidental. Em Nova York, em 1987, foi co-fundador da Tibet House, um centro cultural e galeria de arte que educa o público sobre a riqueza espiritual e cultural do Tibete. Em 1997, a revista *Time* o nomeou um dos vinte e cinco americanos mais influentes. No seu recente *Inner Revolution*, Thurman vai além do que qualquer outro pensador conhecido já foi ao visionar não apenas um budismo americano, mas o país inteiro budista. É hora, sugere ele, para o grande experimento americano da liberdade, nascido na "quente" revolução de 1776, alimentado na "modernidade exterior" do Iluminismo europeu e amadurecido pela revolução "calma" do Caminho e da "modernidade interior" da iluminação budista.

Daquele grupo pioneiro de alunos de Geshela também fazia parte Jeffrey Hopkins, hoje professor de Estudos Indo-Tibetanos na University of Virginia, um importante centro americano para o estudo da língua tibetana e para a conservação da cultura do Tibete por meio da reunião, recuperação, tradução e disseminação de textos.[1] Thurman, Hopkins e outros alunos de Geshe Wangyal também fundaram o American Institute of Buddhist Studies, com o objetivo de fazer uma ponte que unisse a academia aos ensinamentos filosóficos budistas.

A ocupação do Tibete por forças chinesas continentais começou em 1950 e continua até hoje. Em 1959, cinco anos depois de Thurman o encontrar, o Dalai Lama fugiu da incursão chinesa no Tibete e cruzou o Himalaia até a Índia. Cem mil tibetanos acompanharam o Dalai Lama até o exílio antes que os chineses fechassem a fronteira. Vinte mil deles eram lamas que reconstruíram seus mosteiros em solo indiano. A diáspora tibetana chegou aos Estados Unidos na década de 1970, e hoje há cerca de dez mil exilados tibetanos nos Estados Unidos. Lamas das quatro maiores ordens vajrayanas — Gelug, Sakya, Nyingma e Kagyu — ensinam nos Estados Unidos.

Os Gelugs e os Sakyas são geralmente associados a um regime de treinamento budista que enfatiza o domínio da língua e o estudo filosófico, conforme os jovens Thurman e Hopkins vieram a descobrir. Geshe Wangyal pertencia à ordem gelug, e o Tibetan Buddhist Learning Center que fundou é uma das primeiras comunidades gelugs do Ocidente,[2] combinando um programa de tradução de textos com o treinamento tradicional vajrayana. Em diversas ocasiões, desde 1979, o centro hospedou um companheiro da ordem gelug, o Dalai Lama, cuja imagem de líder religioso vem logo depois da do Papa na mente do público. Seu carisma marcante, seus livros amplamente lidos, o Prêmio Nobel da Paz de 1989, seu compromisso com a não-violência, à maneira de Ghandi, na luta pela autonomia tibetana tornaram o budismo atraente para muitos americanos e exerceram uma profunda influência na evolução do budismo americano. Outros importantes centros gelugs nos Estados Unidos são o Osel Shen Phen Ling do Lama Zopa, em Missoula, Montana, o ramo norte-americano do mosteiro Namgyal em Ithaca, Nova York, e o já mencionado centro de estudos tibetanos de Geshe Sopa, em Madison, Wisconsin.

Uma contribuição final dos gelugs deve ser mencionada: o canto multifônico dos seus monges gyutos (veja capítulo 10). Ao apresentarem o Tibete para o público americano, as hipnóticas apresentações desses monges (levadas ao palco por Mickey Hart, da banda de *rock* Grateful Dead) foram excedidas apenas pelas da Sua Santidade e de Robert Thurman.

A raiz do sakya nos Estados Unidos foi o renomado estudioso Deshung Rinpoche, que chegou à University of Washington em 1960 para participar de um projeto de pesquisa patrocinado pelo programa Inner Asia. Em 1974, junto com Jigdal Dagchen Sakya Rinpoche, fundou um pequeno centro de dharma, que se transformou no Sakya Monastery of Tibetan Buddhism (visto rapidamente no filme *O Pequeno Buda*, de 1993). O mosteiro adota uma abordagem de integração, não-sectária, com relação aos ensinamentos tibetanos chamada *rimed* (pronuncia-se ri-mei) e hospeda lamas das quatro tradições. Seu rigoroso programa de treinamento é apoiado por uma grande biblioteca e coexiste com um ativo calendário de eventos públicos. A visita de Deshung Rinpoche a Cambridge, Massachusetts, em 1980, ocasionou a fundação do Sakya Sheidrup Ling, ou Instituto de Estudos Budistas e Meditação. Em 1971, o Lama Thartse Kunga, um sakya trazido para o Ocidente por Geshe Wangyal nove anos antes, fundou o Ewam Choden Tibetan Buddhist Center em Kensington, Califórnia, que oferece treinamento na língua tibetana e instrução para meditação. Um centro de estudos tibetanos e de meditação semelhante, Sakya Phunstok Ling, foi fundado em Silver Springs, Maryland, em 1986.

As outras duas ordens tibetanas, a nyingma e a kagyu, colocam menos ênfase no aprendizado formal e enfatizam mais a meditação e a realização de rituais tântricos. Diz-se que o fundador da linha nyingma, o lendário santo do século X Padmasambhava, profetizou que "quando o pássaro de ferro voar e os cavalos correrem sobre rodas, / o povo tibetano se espalhará como formigas ao redor do mundo, / e o dharma chegará à terra do Homem Vermelho". O primeiro grande pioneiro da linha nyingma nos

Estados Unidos foi Tarthang Tulku, que fundou o Nyingma Meditation Center em Berkeley, em 1969. Uma das características do novo budismo americano, a mistura da rigorosa prática budista com a vida leiga cotidiana americana, está certamente em evidência aqui. Como é comum no treinamento tibetano, pede-se aos alunos iniciantes que façam cem mil prostrações de corpo (num período de meses). Rick Fields recorda que o "árduo trabalho físico, sua bárbara realidade, logo se encarrega de devaneios místicos sobre grandes poderes yogues. As prostrações nos trazem para a terra, literalmente".[3] Mas Tarthang também enfatizava a meditação como prática central: "A meditação é a essência do dharma do Buda. Discutir isso e pensar sobre isso não ajudará. Devemos praticar. No começo, a meditação parece ser separada de nós, mas finalmente se torna nossa própria natureza."[4]

O Dharma Publishing do Nyingma Center empreendeu um trabalho hercúleo de amor ao produzir *Kangyur* (as palavras do Buda) e *Tengyur* (tradições comentadas), que compreendem os cento e vinte oito volumes das escrituras canônicas do budismo tibetano, num formato de luxo, ricamente ilustrado. Cada volume encapado à mão, do tamanho de um atlas e pesando uns cinco quilos, tem cerca de quatrocentas páginas e é impresso em papel feito sem ácido para assegurar sua sobrevivência por séculos. Desde 1975, em Sonoma County, Califórnia, a comunidade nyingma está construindo uma "cidade templo" de novecentos acres cercada por uma reserva natural e um santuário animal. Chamada de Odiyan, tem como propósito apoiar a prática budista tanto de longa quanto de curta duração. O próprio Tarthang parece ter desaparecido dos olhos do público e, segundo dizem, devota seu tempo e energia a trabalhar com seus alunos avançados.

Outro professor nyingma, Sogyal Rinpoche, escreveu um dos livros mais lidos sobre o budismo tibetano dos últimos anos, *The Tibetan Book of Living and Dying*. Quando era criança, foi identificado como a reencarnação de Terton Sogyal, um mestre da prática *dzogchen*,[5] à qual ele continua fiel. Os professores de Sogyal foram Dilgo Khentsye Rinpoche e o falecido líder da linha nyingma, Dudjom Rinpoche. Em 1981, Sogyal e seus alunos fundaram a Rigpa Fellowship, uma rede internacional de centros budistas, tendo seu principal centro em Santa Cruz, Califórnia.

A kagyu foi a última das ordens tibetanas a entrar nos Estados Unidos, mas tem estado muito ativa. Centros americanos ligados aos kagyus abundam. A pessoa de maior responsabilidade pela eflorescência do kagyu no Ocidente e nos Estados Unidos é Chogyam Trungpa Rinpoche. Trungpa fugiu para a Índia mais ou menos na mesma época que o Dalai Lama. Estudou na Índia durante algum tempo, completou sua educação ocidental na Universidade de Oxford e chegou à América do Norte em 1970. Extremamente empreendedor e influenciado pelo antigo mito tibetano de Shambhala, um vale oculto onde uma sociedade iluminada vive em paz apreciando alegremente a vida, Trungpa e seus devotados alunos americanos reuniram suas prodigiosas energias para tornar isso realidade. Além dos centros de meditação, Trungpa e seus alunos construíram uma pré-escola, uma escola elementar e uma renomada instituição de ensino superior que oferece cursos de formação e de extensão (o Naropa Institute, em Boulder, Colorado), uma união de crédito, livrarias e numerosos negócios lucrativos. Os centros de dharma e grupos de estudos de Trungpa nos Estados Unidos estão agora debaixo da cobertura da Shambhala International. Eles incluem o centro de meditação e retiro Karma Choling, em Barnet, Vermont, o Rocky Mountain Shambhala Center no norte do Colorado, e um centro de retiro solitário no sul do Colorado. Trungpa morreu em 1987. Seu filho mais velho, Mipham Rinpoche, atua hoje como líder da organização.

Dentro das quatro maiores escolas do budismo tibetano há um movimento ecumênico moderno, transectário chamado rimed. Como muitos professores kagyu antes dele, Trungpa se sentia à vontade com novas integrações e foi um dos proponentes do rimed. Outra voz importante e inovadora no budismo vajrayana americano, Lama Surya Das (Jeffrey Miller), também se alinha com a rimed. Ele encontrou o budismo tibetano enquanto viajava pela Índia nos anos 60 e 70 e, na década seguinte, realizou dois retiros tradicionais de três anos, três meses e três dias sob a direção dos mestres nyingma Dilgo Khyentse Rinpoche e Dudjom Rinpoche. Seu treinamento em dzogchen[6] o levou a fundar, em 1991, a Dzogchen Foundation, em Cambridge, Massachusetts. Acreditando que os ocidentais são quase sempre psicologicamente sofisticados, Surya Das fez muitos erguerem as sobrancelhas de espanto ao oferecer sem rodeios aos seus alunos um ensinamento que era considerado o fim de uma longa estrada. Seus esforços, incluindo um livro popular chamado *Awakening the Buddha Within: Tibetan Wisdom for the Western World*, fizeram dele um dos professores mais influentes no cenário americano. Os interesses de Surya Das no diálogo e na integração vão além do meio tibetano para professores americanos e europeus de vipassana e zen. Ele tem sido o instrumento por trás da organização da Western Buddhist Teachers Network para ajudar a responder aos desafios de todas as linhas diante da introdução do dharma no Ocidente.

O primeiro americano a ser chamado de geshe é Michael Roach, que recebeu essa distinção depois de vinte e dois anos de estudos na Índia e nos Estados Unidos. Monge gelug ordenado, Roach também é um estudioso de sânscrito, tibetano e russo, além de ser um popular professor e palestrante budista no circuito americano desde 1981. Talvez ele seja mais bem conhecido como diretor do Asian Classics Input Project (ACIP). Sob a direção de Geshe Roach, o cânon tibetano de Kangyur e Tengyur de 128 volumes antes mencionado, junto com comentários e dicionários não-canônicos relacionados a eles (de forma geral, o equivalente cultural de um genoma de DNA), está sendo transferido para CD-ROMs disponíveis a custo nominal para estudiosos e outras pessoas interessadas. Gelek Rinpoche, um tulku e professor tibetano, celebra o evento num poema intitulado "Em louvor do ACIP CD-ROM: do bloco de madeira ao *laser*":

Cem mil
Espelhos de disco
Contêm os grandes clássicos
De autores
Sem conta;
Não precisamos
Mais
Vaguear desnorteados
Por páginas de listas
Sem fim.

Com um único aperto
Do dedo
Num botão
Fazemos emergir jóias brilhantes,
De citações,
Textos e comentários,
O que quer que procuremos;
Isso é algo
Fantástico,
Além dos sonhos.[7]

Conforme a prática tradicional budista continua a se amalgamar com a vida leiga americana, as comunidades vajrayanas fazem novos usos da terminologia tradicional. *Lama*, antes um termo usado apenas para identificar um monge tibetano ordenado, é agora usado pelos alunos de Kalu Rinpoche, um renomado yogue e professor kagyu, para descrever qualquer um que tenha completado o retiro solitário de três anos, três meses e três dias.[8] Muitos europeus e americanos já completaram esse treinamento tradicional graças aos esforços de Kalu, que o disponibilizou pela primeira vez para treze ocidentais (sete homens e seis mulheres) na França, em 1976. Um número crescente de alunos veteranos da linha de Trungpa receberam o título de *acharyas* ("professores") e a autorização de fundarem seus próprios grupos de meditação.

Uma característica do neobudismo americano é que vários acharyas são mulheres. Uma delas, Pema Chodron, é uma autora prolífica e líder operacional do centro monástico Gampo Abbey, em Cape Breton, Nova Escócia, fundado em 1985 especificamente para treinar ocidentais. Outra kagyu, Karma Lekshe Tsomo, combinou uma carreira acadêmica especializada em assuntos femininos budistas com sua vida de monja ordenada. Em 1987 ela ajudou a fundar o Sakyaditta ("Filhas do Buda"), uma associação internacional de mulheres budistas que trabalham para melhorar a educação do dharma, otimizando instalações para estudo e prática e fundando comunidades de mulheres integralmente ordenadas onde elas ainda não existem. Monja gelug ordenada, Thubten Chodron é professora veterana da Foundation for the Preservation of the Mahayana, uma rede internacional de centros de prática fundada na década de 1970 pelos lamas Thubten Yeshe e Thubten Zopa Rinpoche.

Outra mulher cuja história sugere o terreno radicalmente novo que o budismo vajrayana americano está trilhando é Catherine Burroughs. Quando era jovem, casada, natural de Nova York, Burroughs se mudou para a zona rural da Carolina do Norte e ficou tão isolada que quase não tinha contato com outras pessoas, salvo seu marido. De maneira aparentemente espontânea e sem instrução anterior, ela se viu praticando uma forma tibetana de conscientização meditativa do corpo. Quinze anos depois, num aeroporto em Washington, D.C., Burroughs encontrou Penor Rinpoche, líder da linha nyingma. Algo aconteceu. Depois, Burroughs visitou Rinpoche na Índia, onde ele a informou que ela era a reencarnação de uma grande yogue e santa do século XVII. Assim, em 1988, Penor Rinpoche nomeou oficialmente Burroughs, agora chamada Jetsunma, líder de um grande centro de prática e estudo vajrayana em Poolesville, Maryland, onde ela vive com seu marido e dois filhos.

1 8

~~~

A AMÉRICA COMEÇA A MEDITAR III:
O Movimento Vipassana

O movimento vipassana americano está crescendo rapidamente. Nos dez anos entre 1988 e 1998, o número de organizações vipassana mais do que dobrou, de setenta e duas para cento e cinqüenta e duas, e representa agora 15% dos grupos de meditação e centros budistas da América do Norte.

Dos três ramos americanos de budismo meditativo discutidos neste livro, a vipassana é a mais livremente adaptada, a menos ligada às tradições monásticas originais do sudeste asiático. Isso é surpreendente, pois durante mais de dois mil anos a vipassana foi preservada e transmitida pela escola theravada, o ramo mais conservador do budismo. O que fez com que isso acontecesse?

As fundações do zen e do budismo vajrayana americano foram dispostas principalmente por imigrantes japoneses e monges tibetanos, os quais ensinaram dentro das formas cerimoniais tradicionais das suas culturas natais. A autoridade espiritual do mestre, a centralização na relação mestre-aluno, a importância de rituais como os cantos, as inclinações, as prostrações e a forma de vestir — os discípulos americanos dessas tradições recebem essas práticas como parte integral do ensinamento. As fundações da vipassana americana, porém, foram construídas por leigos americanos que estudaram na Índia, na Birmânia e na Tailândia e então voltaram para o

Ocidente para disponibilizar esse conhecimento para outros. Também é importante notar que a vipassana que esses americanos encontraram no sudeste da Ásia *já* era significativamente distante do seu contexto monástico theravada. Monges birmaneses, como Ledi Sayadaw e Mahasi Sayadaw (1904-82), cujas linhas influenciaram uma grande parcela do vipassana americano, foram fundamentais para retirar a meditação budista do seu confinamento monástico e oferecê-la a um público maior.[1] Eles construíram "centros de meditação" (um conceito desconhecido antes do século XX) especificamente para esse propósito. Desde 1949, os centros de Mahasi Sayadaw em Yangon (Rangoon) e outros locais em Myanmar (Birmânia) ensinaram a vipassana para cerca de setecentas mil pessoas, inclusive muitos ocidentais. Na década de 1950, o neto de dharma de Ledi Sayadaw, o finado leigo birmanês U Ba Khin (1899-1971) abriu um centro de meditação em Yangon que também tem sido influente.

O movimento vipassana americano é, portanto, mais leigo e até mesmo mais exclusivamente voltado para a prática da meditação do que seus primos zen e vajrayana. Rituais e cerimônias são relativamente ausentes. Os professores de vipassana americanos tendem a se apresentar como *kalyana-mitta*, "amigos espirituais", autorizados a ensinar porque meditam há mais anos do que aqueles a quem estão ensinando. A devoção pelo guru que é central no caminho tibetano ecoa timidamente no movimento vipassana. O mesmo também acontece com a poderosa figura do roshi, que certifica o progresso de um estudante zen no seu despertar.

A tendência de igualdade dos sexos que caracteriza o budismo americano como um todo também acontece no movimento vipassana. As mulheres quase sempre são a maioria nos retiros de meditação. Muitas são professoras de vipassana, e as mulheres também estão bem representadas nos conselhos e juntas administrativas que dirigem as organizações vipassana americanas.

Isso se aplica ao movimento vipassana como um todo. O resto do quadro se divide em aproximadamente duas metades. "Aproximadamente" porque há aspectos da vipassana americana que estão fora dessa divisão conveniente e porque permite que uns poucos nomes falem por muitos. De um lado estão Joseph Goldstein, Jack Kornfield e Sharon Salzberg que foram os pioneiros na afiliação de professores para o Insight Meditation e líderes de retiros que agora incluem pelo menos outros sessenta,[2] como por exemplo, Ruth Denison, que estudou na Birmânia e fundou o Desert Vipassana Center no sul da Califórnia, e Sylvia Boorstein, uma autora budista popular.[3] Do outro lado está o professor indiano Satya Narayan (S. N.) Goenka, que, junto com um time de professores assistentes americanos veteranos, disseminou seu próprio tipo de prática vipassana, a qual deriva do já mencionado U Ba Khin.

Os dois lados não são estranhos entre si. Joseph Goldstein e Sharon Salzberg, por exemplo, estavam entre os primeiros alunos ocidentais de Goenka, e Goenka calorosamente os considera seus filhos de dharma. Os lados compartilham uma profunda apreciação do Caminho do Buda e um compromisso igualmente profundo de semear suas sementes onde quer que sejam bem-vindas. De fato, os valores compartilhados que estão por trás da sua divergência tornam seu relacionamento complementar, em vez de oposto, um *yin* e *yang* da vipassana americana. Mas ainda há uma diferença significativa entre eles. Além das diferenças relativamente pequenas na técnica de meditação, formato dos retiros e estrutura organizacional, há (como veremos) uma discórdia sobre o grau de assimilação.

Jack Kornfield (nascido em 1945) e Joseph Goldstein (nascido em 1944) — Jack e Joseph como são afetuosamente chamados — entraram em contato com a vipassana na década de 1960 enquanto trabalhavam no Peace Corps no Sudeste asiático — Jack na Tailândia e Joseph na Índia. O professor de Jack foi o monge florestal tailandês Ajahn Chah, mas ele também estudou mais tarde com o monge birmanês Mahasi Sayadaw. O primeiro professor de Joseph foi Anagarika Munindra, um discípulo de Mahasi Sayadaw. Mais tarde, porém, ele estudou com o próprio Mahasi e, na década de 1980, com U Pandita, um monge da linha de Mahasi. Joseph conheceu Sharon num dos muitos cursos que fez com Goenka, mas mais tarde Sharon estudou intensamente com U Pandita. O motivo dessa genealogia é simplesmente discernir um ancestral comum. Como diz o professor de vipassana e estudioso Gil Fronsdal, esse ramo do movimento vipassana americano "é baseado na sistematização da meditação vipassana, desenvolvida e propagada pelo monge birmanês e professor de meditação Mahasi Sayadaw".[4]

Jack e Joseph só se conheceram em 1974, quando ambos foram convidados para ensinar meditação durante uma sessão de verão no Naropa Institute, em Boulder, Colorado. Os organizadores da sessão esperavam duzentos participantes. Apareceram dois mil. Impressionados um pelo outro e pelo interesse dos alunos, Jack e Joseph começaram a colaborar. Por volta de 1976, juntos com Sharon e outros amigos que os apoiavam, compraram um antigo seminário católico em Barre, Massachusetts, e fundaram a Insight Meditation Society (IMS). Nos últimos trinta anos, os professores do IMS introduziram a vipassana a dezenas de milhares de alunos em cursos que normalmente duram entre um e dez dias. O IMS também oferece um curso anual de três meses de duração, o "retiro das chuvas", baseado na prática do Buda de usar a estação das monções na Índia para se retirar do mundo com seus monges e se restaurar por meio de três meses de meditação em tempo integral.

Jack se mudou para a Califórnia em 1984 e, junto com outros, fundou o Spirit Rock Meditation Center, em Woodacre, a quarenta quilômetros de San Francisco. Embora intimamente ligado ao IMS, é mais experimental e eclético. A formação de Jack em psicologia clínica o levou a acreditar que nem todas as pessoas que buscam a meditação budista se adaptam a ela e algumas precisam de estratégias complementares. Portanto, apesar de a vipassana continuar sendo a essência do currículo do Spirit Rock, a instituição também abriga professores espirituais de outras tradições e oferece uma variedade de conferências e oficinas. Para tornar o dharma mais disponível e relevante a um maior número de pessoas em meio às suas atribuladas vidas profissionais e familiares, o Spirit Rock tem experimentado retiros de meditação de duração mais curta, "retiros sanduíches" de dois fins de semana e das noites dos dias úteis entre eles e um programa para a família, que oferece instrução para as crianças, adolescentes e parentes. Uma vez que muitos centros se limitaram principalmente a oferecer retiros solitários, o Spirit Rock volta grande parte da sua atenção à formação de uma comunidade. Também representa um papel-chave no avanço do diálogo interbudista americano ao sediar muitos encontros ecumênicos, inclusive, no ano 2000, um grande encontro histórico de professores de budismo ocidental de muitas tradições.[5]

Do outro lado da cerca da vipassana americana está o notável S. N. Goenka, cujo "papel na disseminação da prática da *vipassana* em todo o mundo", diz o historiador budista Stephen Batchelor, "não tem paralelo".[6] Goenka-ji, como é chamado, nasceu numa família de empresários hindus em Myanmar (Birmânia) há cerca de setenta e oito anos. Um rico industrial e líder cívico quando tinha cerca de 25 anos, ele começou a sofrer de dores de cabeça que nem médicos asiáticos nem ocidentais conseguiam curar. Para decepção da sua família de hindus devotos, ele se inscreveu num curso de meditação budista com a esperança desesperada de conseguir algum alívio. No final do curso, Goenka-ji tinha descoberto algo muito maior do que a cura para suas dores de cabeça. Sua vida tinha mudado.

O curso que causou essa mudança fora ministrado por U Ba Khin, um leigo birmanês e funcionário do governo que tinha fundado o International Meditation Center em Yangon (Rangoon) e desenvolvido um programa de retiro de dez dias, o qual Goenka-ji tornaria largamente conhecido. Goenka-ji continuou a estudar com U Ba Khin durante quatorze anos, época em que sua antiga vida saiu dele "como a pele que descasca".[7] Dedicou sua nova vida a ensinar o antigo Caminho Óctuplo do Buda e a disseminar a meditação vipassana. Em 1969, imigrou para a Índia e lá começou a ensinar.

Seu primeiro curso de meditação atraiu apenas um punhado de gente, incluindo seus pais. Outros cursos, dados aqui e ali, em instalações alugadas, logo atraíram milhares de pessoas por ano vindas de todas as classes da sociedade indiana. Centenas de jovens viajantes europeus, australianos e americanos se viram fazendo um "curso do Goenka", na Índia. Parte do atrativo era geral: uma chance de se praticar uma autêntica disciplina espiritual no lendário solo da Mãe Índia. Outra parte era específica: o próprio Goenka-ji — não como um guru para se reverenciar, mas como um extraordinário professor. Seu domínio do antigo pali, a língua do Buda, trouxe seus ensinamentos à vida. Seu notável inglês matizado trouxe uma aguda claridade às instruções diárias. E suas palestras noturnas, misturando humor, estímulo e exposição, revelaram a elegante simetria entre a prática da vipassana e as doutrinas budistas como as Quatro Nobres Verdades, o Caminho Óctuplo e as três marcas da existência.

Por volta de 1976, Goenka-ji fundou a Vipassana International Academy em Igatpuri, ao norte de Bombaim, o primeiro de muitos centros indianos. Em 1979, a pedido de muitos de seus ex-alunos que tinham voltado para o Ocidente, começou a fazer visitas internacionais regulares para ensinar. Desde então, seus alunos americanos fundaram centros em Shelburne Falls, Massachusetts, North Folk, Califórnia; Kaufman, Texas e Ethel, Washington. Os cursos dessa linha atingem aproximadamente cem mil estudantes por ano em mais de oitenta centros ao redor do mundo. Desde que Goenka-ji começou a ensinar, mais ou menos meio milhão de pessoas realizou cursos de vipassana ministrados por ele; nos Estados Unidos se estima que tenham sido trinta e cinco mil. Programas especiais de vipassana também são oferecidos a viciados em drogas, prisioneiros, crianças de rua e outros grupos, tanto na Índia quanto no exterior.

Todos esses cursos são oferecidos de graça. A posição de Goenka-ji é de que uma vez que o Buda ensinou de graça, também devemos fazer o mesmo. As doações são aceitas e estimuladas, mas só podem vir de pessoas que tenham realmente feito pelo menos um curso, perceberam benefícios e desejam tornar esse benefício acessível a outros.

Os ensinamentos de Goenka-ji compartilham integralmente o aspecto pós-tradicional do resto da vipassana americana. Já não há mais túnicas, rituais e outros acessórios do budismo nas suas várias manifestações culturais asiáticas. Para todas as intenções e propósitos, apenas a ética e a psicologia prática do Caminho Óctuplo permanecem. E embora pareça "liberal", Goenka-ji protestaria dizendo que é altamente conservador: a *volta* ao Caminho Óctuplo como foi ensinado pelo Buda *antes* de ficar sujeito a dois mil e quinhentos anos de acréscimos culturais. Mesmo "conservadora" nas mãos de Goenka, sua escola tem fortes semelhanças com a ala confessadamente liberal da vipassana americana orientada por leigos, centrada na meditação e não-ritualista.

Há, podemos estar certos, diferenças nas maneiras como as duas "escolas" praticam a meditação, mas parecerão mínima aos olhos da maioria dos observadores.[8] Ao estudá-las, deve-se ter em mente que quando nos referimos à prática da IMS-Spirit Rock como a "abordagem Mahasi" trata-se de uma aproximação muito grosseira na melhor das hipóteses, com o objetivo de unificar (com o propósito de discutir) o que é de fato um espectro maior de métodos individuais de professores. Embora a rigorosa uniformidade de instrução seja uma alta prioridade para Goenka-ji, não é necessariamente assim em todos os aspectos, e os professores vêem-se livres para fazer experiências. Com essa advertência colocada, podemos prosseguir.

Primeiro, as duas escolas concordam que a observação dos cinco preceitos morais básicos (veja capítulo 5) é o fundamento indispensável e duradouro da meditação. Segundo, na fase do trabalho de acalmar a mente por meio da meditação, a abordagem de Mahasi instrui o praticante a focalizar a atenção na respiração no ponto onde ela seja mais acessível, enquanto Goenka restringe o treinamento da atenção da respiração à área limitada pelas narinas e o lábio superior, afirmando haver evidência escrita de que o próprio Buda ensinava dessa forma. Terceiro, a abordagem de Mahasi inclui a meditação enquanto se caminha — uma caminhada muito lenta, deliberada, atenta, de mais ou menos uma hora — como parte formal da prática da meditação. Goenka-ji, porém, afirma que a maior parte da meditação deve ser feita na postura sentada. A atenção durante a caminhada normal é estimulada, mas o passo de caracol da meditação praticada ao se caminhar não é parte dessa prática.

Quarto, na fase de introvisão do trabalho, a abordagem de Mahasi enfatiza uma consciência não-reativa de qualquer coisa que chame a atenção de quem pratica, dentro dos quatro campos da atenção: corpo, sensações físicas, mente e objetos mentais. Conforme Fronsdal diz: "O praticante é ensinado a ficar consciente, com clara recognição, de todo o espectro de experiências físicas, sensoriais, emocionais, psicológicas e cognitivas."[9] Goenka-ji, por outro lado, limita bastante a prática da consciência não-reativa ao campo das sensações físicas, dizendo que todos os quatro estão envolvidos nesse campo. Goenka-ji também enfatiza veementemente o movimento contínuo sistemático da consciência da cabeça aos pés e dos pés à cabeça (chamado "varredura"), acreditando que isso leva aos níveis mais sutis de consciência das sensações e, assim, a um descondicionamento mais completo da mente. Quinto e último, as escolas compartilham a crença de que a meditação leva a uma progressiva visão profunda (vipassana) do próprio corpo e da mente do praticante das três características de todos os fenômenos — impermanência, ausência do eu e insatisfação —, uma visão que desfaz o condicionamento no qual a ignorância, o anseio e a aversão nos apanha e nos leva gradualmente à liberdade interior chamada de nibbana (nirvana).

Podemos agora abordar o assunto que mais polariza os dois mundos da vipassana americana. Claramente colocado, Goenka-ji não está muito interessado em fazer experiências ou mesmo no diálogo. Ele acredita que o método da prática que herdou já provou seu poder diversas vezes e se recusa a alterá-lo de qualquer forma. Em toda a sua rede internacional de centros de meditação, todos os esforços são feitos para manter o ensino totalmente uniforme e livre de inovação. E o diálogo, a oportunidade de colaboração entre as tradições budistas que, na Ásia, raramente têm contato umas com as outras, não lhe interessa em absoluto. Com relação às outras linhas, sua atitude parece ser "deixe as flores desabrocharem", enquanto mantém resolutamente sua própria linha cuidadosamente protegida e livre de polinização cruzada o mais que ele pode. Numa entrevista recente, feita por um professor de meditação introspectiva, Goenka-ji foi perguntado sobre esse assunto:

> Entrevistador: *Há uma sensação na comunidade do budismo ocidental de que o senhor manteve os seus grupos de dhamma (dharma) um tanto afastados do resto de nós. Por exemplo, no ano passado, houve um grande encontro de professores de dhamma ocidentais de todas as tradições e linhas, mas ninguém representando seu grupo participou, mesmo tendo sido convidados.*
>
> S. N. Goenka: *O que me preocupa é que nesse tipo de encontro surge controvérsia, surge debate. Isso cria maus sentimentos. As pessoas argumentam: "Eu ensino assim, não assado." Se esse debate não começar nesse encontro, começará noutro. O Buda disse, "O debate e a controvérsia são prejudiciais. Quando surgem as discussões, isso é perigoso para o dharma."*
>
> Entrevistador: *Sendo mais objetivo, muitas pessoas adorariam que a sua sangha fosse parte da comunidade budista maior, para compartilhar com todos nós sua sabedoria e a maneira como o senhor está oferecendo o dhamma para o mundo ocidental.*

S.N. Goenka: *Sou parte do ensinamento do Buda. Mas o que pode ser ganho com essas reuniões, mesmo se apenas explicarmos nossas técnicas? É melhor sermos felizes, eu prosseguindo no meu caminho e vocês nos seus. As pessoas estão sendo beneficiadas. Isso basta para mim.*[10]

Goenka-ji aparentemente se preocupa que as nobres intenções de diálogo e inovação possam, por vezes, produzir o resultado não-intencional de diluição ou, mais tecnicamente, *declínio* — a perda gradual da doutrina e do método com o passar das gerações.

Outra dimensão do assunto em foco aqui é apresentado por Ajahn Amaro e Thanissaro Bhikkhu (Geoffrey De Graff), monges theravadins euro-americanos que, de alguma forma, permanecem fora do movimento vipassana leigo que já descrevemos. Amaro foi ordenado na Tailândia em 1979 e hoje é co-abade do Abhayaghiri Buddhist Monastery no norte da Califórnia. Thanissaro foi ordenado numa linha tailandesa diferente, em 1976, e hoje é abade do Metta Forest Monastery, nas montanhas ao norte de San Diego, Califórnia. Motivado pela oportunidade de interessar americanos na vida monástica budista, Amaro tem ensinado dentro do movimento Insight Meditation. Thanissaro, porém, resolveu não se unir ao grupo de professores do Insight Meditation devido, ao menos em parte, à sua convicção de que a prática budista requer um rigor constante ainda não disponível dentro do formato do retiro leigo. Os dois provavelmente concordariam, no entanto, que mesmo o rigor semimonástico que se requer dos praticantes leigos veteranos da linha de Goenka possa não ser suficiente para assegurar a potência do dharma no Ocidente. Em virtude das suas vocações monásticas, Amaro e Thanissaro parecem concordar com Robert Thurman (no capítulo 17) que um quesito indispensável para o enraizamento verdadeiramente forte, profundo, do budismo americano seria um sólido corpo de pessoas profissionalmente desobrigadas: os monges e monjas budistas.[11]

As tendências assimiláveis e não-assimiláveis dentro da vipassana americana põe em evidência um debate que está acontecendo no cenário do budismo americano. Qualquer budista sabe que tudo muda, inclusive o próprio budismo, e que as maneiras de ensinar o dharma continuarão a evoluir. Alguns naturalmente desejarão manter suas heranças tão estritas e intocadas quanto possível. Outros se sentirão, também de forma natural, voltados à integração e à inovação que permitem que o rio do dharma revigore a humanidade de maneiras novas e vitais. Como historiador do budismo, Steven Batchelor disse apropriadamente: "Se o budismo quiser sobreviver no Ocidente, terá de evitar os dois perigos gêmeos, a rigidez excessiva, que o levará à marginalidade e à irrelevância, e a flexibilidade excessiva, que o levará à absorção por outras disciplinas e à perda da identidade distinta."[12] Aqui, sob a lente de aumento do budismo americano, podemos estar testemunhando o que pode bem ser a insistente questão que o multiculturalismo está colocando para a religião como um todo no século XXI.

POSFÁCIO

O FLORESCIMENTO DA FÉ:
*A Tradição do Budismo Terra Pura**

À primeira vista, parece curioso chegar ao fim deste livro como o tínhamos visionado e perceber que apenas citamos a tradição terra pura, cuja presença é encontrada em todo o budismo mahayana. Mas agora que esse equívoco apareceu, percebemos que vem com uma explicação pronta, compreendida em si.

Com o domínio ateu maoísta/marxista na China, esse país se tornou, por trinta anos, 1950-80, um buraco no mapa das religiões do mundo, e no terceiro milênio esse buraco está apenas fragilmente coberto, pois embora as religiões sejam agora oficialmente toleradas, a diretriz partidária da China continua atéia. Assim, no meio século em que o interesse americano pelo budismo germinou, os rios que alimentavam esse interesse fluíam através da China. O rio que banhava a China ao sul era theravadin e não tinha interesse no terra pura, enquanto o rio que delimita a China a leste fluía da terra pela qual os Estados Unidos inteiros se apaixonaram depois da Segunda Guerra Mundial, o Japão. E, embora seja verdade que a maior seita do budismo japonês é o shin budismo, o qual pertence à tradição ter-

---

* Não teria sido possível escrever este posfácio sem a inestimável ajuda do ministro shin budista, reverendo Tetsuo Unno. Os autores são profundamente gratos pelo seu apoio infatigável e sábios conselhos, todos afavelmente concedidos.

ra pura, os Estados Unidos não se interessaram nem pela terra pura nem pelo shin porque ambos pareciam ser imagens refletidas no espelho do monoteísmo cristão.

Foi o zen que se destacou como diferente, de maneira intrigante e cativante, na descrição de Daisetz[1] Suzuki que trouxe o zen para o Ocidente praticamente sozinho. A obra de Eugen Herrigel do começo da década de 1950, *Zen in the Art of Archery*, lançou uma série de trabalhos semelhantes, aparentemente sem fim, com "zen e" nos seus títulos. Notável entre eles é o trabalho filosoficamente direcionado de Robert Pirsig, *Zen and the Art of Motorcycle Maintenance*, que cativou um grande público e foi seguido por títulos mais leves que vão de *Zen and the Art of Management* a *Zen and the Art of Tennis,* e cujo número chega a meia centena.

O zen também figura no surgimento da geração beat, a qual incluía escritores e poetas como Jack Kerouac, Allen Ginsberg e Gary Snyder, todos atraídos pelo zen (e até certo ponto envolvidos com ele). Na atmosfera daqueles dias não havia chance para o budismo terra pura conseguir uma palavra em paralelo. O terra pura entrou silenciosamente nos Estados Unidos, por meio de imigrantes japoneses que fundaram suas igrejas e mantiveram sua religião dentro dos seus círculos.

Tendo agora reconhecido a nossa negligência com o budismo terra pura e tendo acrescentado a esse reconhecimento uma desculpa por essa negligência, os autores estão resolvidos a tentar, neste último momento e no espaço disponível, fazer emendas. Como Smith nasceu e cresceu na região do terra pura — uma cidade chinesa no interior de Xangai — e teve o privilégio de desfrutar uma amizade de vinte anos com Daisetz Suzuki, cujo nome reaparecerá imediatamente num contexto surpreendente, Novak está passando este posfácio para ele.

* * *

No Ocidente, Daisetz Suzuki será provavelmente sempre lembrado como o homem que trouxe o zen para os Estados Unidos quase sozinho, pois esse é o lado que ele mostra nos seus escritos em inglês. Entrementes, porém, em livros para o seu próprio povo (os quais não foram traduzidos para o inglês senão depois da sua morte) ele mergulhava cada vez mais fundo nos escritos da escola terra pura para demonstrar a unidade essencial do budismo mahayana como um todo. Mas para um Ocidente que tinha sido exposto quase totalmente aos escritos sobre o zen de Suzuki seria surpreendente descobri-lo escrevendo que "de todos os desenvolvimentos que o budismo mahayana realizou no extremo Oriente, o mais notável é, de acordo com o meu julgamento, o ensinamento shin da escola terra pura".[2]

O que é esse ensinamento e, mais basicamente, o que é essa escola? Como foi dito na abertura, este posfácio é necessário porque o budismo terra pura foi negligenciado e (como também foi observado) um dos motivos do equívoco é que quando os ocidentais começaram a se interessar pelo budismo, sua escola terra pura se parecia demais com o cristianismo para ser interessante. Mas agora uma curiosa mudança tem lugar. Uma vez que *realmente* nos interessamos por ela, aquilo que gera o desinteresse do Ocidente é a melhor forma de chegar a ela. Não de chegar ao seu âmago — um ponto que não pode ser enfatizado demais —, mas de conseguirmos compreendê-la durante o percurso.

A parte do cristianismo que melhor serve aqui é aquela que traz as assinaturas de São Paulo e de Martinho Lutero. Esses nomes não são familiares nos Estados Unidos contemporâneos, secularizados e multiculturais, mas a essência dos seus ensinamentos penetrou na cultura americana em geral. Pode-se pensar em como a "Santa Graça" com seu verso-chave, "que salvou um pulha como eu", quase se tornou uma canção folclórica americana. E se olharmos para trás, para os anos da fronteira americana, a chave da mensagem dos evangélicos aos pioneiros naqueles tempos era, da mesma forma, a graça redentora de Deus. As biografias do talvez mais famoso desses evangelistas, George Whitefield, mostram-no entrando nas cidades da fronteira anunciando "sinto cheiro do inferno" e começando a lutar com os bêbados da vila como se um anjo do Senhor estivesse lutando com a escória que povoa as sarjetas. E a menção dos bêbados nos leva aos Alcoólicos Anônimos e ao seu programa de doze passos, o qual requer que o alcoólatra encare resolutamente o fato de que está derrotado. Ele deve desistir de pensar que algum dia, de alguma forma, será capaz de dominar sua aflição por si mesmo e, tendo se livrado dessa ilusão, entregar sua vida a um "poder superior".

Estou tentado a dizer que tudo o que é necessário para se entender o budismo terra pura é vê-lo como um exemplo dessa síndrome que abre seu caminho sob céus e dialetos asiáticos, mas é claro que isso seria impreciso. O budismo da terra pura é muito mais do que graça no vernáculo asiático, mas, conforme eu disse, o parágrafo acima realmente nos coloca na direção certa. Como o capítulo 7 deste livro narra a divergência com relação a saber se o nirvana é alcançado por meio do esforço próprio ou pela graça foi um fator importante na causa da divisão do budismo em theravada e mahayana, e o que veio a ser o terra pura tomou a liderança na argumentação de que um Outro poder faz mais no sentido de nos levar à iluminação do que o poder próprio. A dicotomia nunca foi categórica. Os theravadins concordam que implicitamente, se não explicitamente, os ensinamentos do Buda dão margem à graça. Para citar um exemplo concreto, há muitas saudações feitas abaixando a cabeça em ambos os ramos do budismo, e baixar a cabeça é um gesto antiqüíssimo de se baixar o "eu" como sinal de respeito e reverência a alguma coisa que é percebida como sendo maior que o "eu". Os mahayanistas, porém, argúem que para alguns discípulos o Buda revelou que o universo é em seu âmago uma verdadeira fábrica de Budas. Como o universo é inimaginavelmente velho e como a libertação sempre foi possível, ela, a libertação, tem sido alcançada inúmeras vezes durante incontáveis eras, e mais recentemente pelo Buda, desta e para esta atual, Siddhartha Gautama. Os esforços e iluminações de todos esses Budas, sem mencionar os incríveis esforços de incontáveis bodhisattvas, juntos produziram nada menos que um infinito tesouro de mérito, um celeiro de energia de salvação personificada pelos Budas e bodhisattvas que habitam inúmeros reinos etéricos. Desses seres luminosos, celestiais, os fiéis budistas podem pedir e receber, não apenas *alguma* ajuda ou um socorro que vá ao encontro dos seus próprios esforços, mas ajuda ilimitada. É um Recurso Cósmico que não é feito por humanos, mas para o qual os mortais precisam apenas pedir para receber.

Essa é a coluna vertebral da tradição terra pura, mas, para fazer uma diferença nas vidas humanas, as doutrinas precisam ser vestidas com histórias; a filosofia vem depois — e a principal história da terra pura é assim:

Há muitas eras, um monge chamado Dharmakara fez quarenta e oito votos insuperáveis, que vieram a ser conhecidos coletivamente como o Voto Fundamental. Deles, o Décimo Oitavo Voto era decisivo. "Quando eu alcançar o Estado de Buda", Dharmakara jurou, "se todos os seres, confiando em mim com um coração sincero, desejarem nascer no meu país (o Paraíso Ocidental, que ele jurou que criaria) e chamar meu nome de uma a dez vezes, e, então, se eles não nascerem lá, que eu não consiga a iluminação." Mas o Buda da nossa era, Shakyamuni, assegurou aos seus discípulos no seu famoso sermão no Pico do Abutre que Dharmakara, de fato, alcançara a iluminação e assim todos os que pronunciarem sinceramente o nome de Dharmakara nascerão no seu Paraíso Ocidental.

As descrições do Paraíso Ocidental são, no mínimo, extravagantes. De acordo com uma lenda mahayanista, Gautama disse ao seu discípulo preferido, Ananda:

> Então, Ananda, esse mundo chamado Terra Pura é próspero, rico, bom para se viver, fértil, adorável e habitado por muitos deuses e homens. Ó Ananda, essa Terra Pura tem a fragrância de perfumes adocicados, é rica em múltiplas flores e frutos, enfeitada com árvores de jóias e freqüentada por tribos de diversos pássaros de cantos doces.
>
> Há tantas flores de lótus lá, de mais de dez yojanas (cento e quarenta e cinco quilômetros) de circunferência. E de cada lótus saem três trilhões e setecentos bilhões de raios de luz. E de cada raio de luz saem três mil e setecentos Budas com corpos dourados, que ensinam o dharma aos seres dos imensuráveis e inumeráveis mundos da Terra Pura.[3]

E assim vai, com a música e os prazeres celestiais de todos os tipos concebíveis descritos de maneira colorida. Nós pegamos a idéia. Aparentemente, tudo parece demais com uma versão budista da noção cristã popular do paraíso ornado com portões de pérolas e ruas de ouro.

Com relação a Dharmakara, basta observar que esse monge, que se tornou um bodhisattva e prosseguiu até alcançar o estado de Buda, veio a ser conhecido como Amitayus e Amitabha. O primeiro significa Vida Infinita, com o sentido de Compaixão Ilimitada, e o último, Infinita Luz, com o sentido de Sabedoria Ilimitada. No contexto japonês, os dois se fundiram num único termo, "Amida". A prática de se repetir oralmente o nome de Amida é chamada de "Nembutsu", palavra composta pelos seis caracteres "Na-Mu-A-Mi-Da-Butsu", ou "Namu-Amida-Butsu".[4] "Namu" quer dizer "refugiar-se em", ou "se entregar totalmente" e Amida-Butsu é o Buda objeto dessa confiança.

Conforme a idéia do Nembutsu evoluiu, ela se tornou, como com Shinran, uma expressão de gratidão por ter sido permitida a entrada no estágio espiritual no qual aquele que se entrega é assegurado de que ele não vai regressar a estados anteriores de descrença, ignorância e sofrimento e de que nasceu na Terra Pura, de onde a entrada no nirvana será fácil.

Essa, com pequenas variações, é a história do budismo terra pura, e como sempre acontece com histórias, as profundezas filosóficas se escondem debaixo da superfície. A história do budismo terra pura não teria florescido em tantos lugares e durante tanto tempo como o fez, se não contivesse características que os filósofos encontraram apontando para a natureza profunda das coisas. No caso do budismo terra pura, o mais influente pensador foi Nagarjuna, reverenciado como o primeiro dos Sete Patriarcas. Sua filosofia do Caminho do Meio (*Madhyamika*) do *sunyata* (vazio) serve como o provável fundamento principal filosófico dos ensinamentos da tradição terra pura, especialmente conforme explicado pelo Terceiro Patriarca, T'an-lun.

A grande realização de Nagarjuna, um brâmane do século III d.C. que se converteu ao budismo, foi ter levado ao seu extremo lógico a doutrina da anatta do Buda, de que todas as coisas, porque são condicionadas por todas as outras coisas, não têm existência própria e são vazias de existência própria. O que deve ser explicado aqui é como a introvisão de Nagarjuna sobre o vazio pavimenta o caminho para a visão de um universo cheio de graça do budismo terra pura.

O Buda ensinou que os seres, confusos como são pelos seus desejos e medos ignorantes, são capturados por um ciclo vicioso chamado de samsara, e a libertação desse ciclo — nirvana — é o mais alto objetivo humano. Como um discípulo leal do Buda, Nagarjuna afirmou isso, mas também encontrou muitos budistas lutando por um nirvana que parecia infinitamente distante, porque estavam sutil e corrosivamente apegados a duas idéias: a primeira, que o nirvana é uma "coisa" definitiva a ser alcançada; e, a segunda, que deve ser alcançado por egos individuais. Nagarjuna viu ambas as idéias como fracassos de se entender o ensinamento-chave do Buda de que *tudo* é vazio de existência própria.

A surpreendente inferência de Nagarjuna é de que se *tanto* o samsara *quanto* o nirvana são vazios de existência própria, eles são, em última análise, um só. Nas suas próprias palavras, "não há a menor diferença entre os dois". Eles não são duas realidades separadas, mas um vasto campo de ascensões vazias vistas através do véu da ignorância (e assim prendem) ou à luz da sabedoria (e assim libertam). Ainda podemos *falar* de um "caminho" do samsara ao nirvana, mas apenas como uma verdade provisória. A verdade definitiva é que o nirvana não é infinitamente distante, mas infinitamente próximo, alcançando-nos graciosamente, como se fosse — e é na verdade — o chão sobre o qual estamos de pé, se ao menos soubéssemos disso. Apenas as vendas do egoísmo escondem essa verdade de nós.

Dessa posição avantajosa, outros pensadores mahayana podiam agora ver seu caminho para o terra pura desimpedido, pois se a grande cegueira é o egoísmo, então *qualquer meio* que cure essa cegueira é um meio hábil (upaya) para se alcançar a iluminação. E uma vez que a maioria das pessoas acha a verdade personificada mais eficiente, a veneração do Amitabha Buddha pelo devoto do budismo terra pura por meio do Nembutsu é a melhor maneira para que ele internalize a visão intuitiva de Nagarjuna.

Tendo observado a história do budismo terra pura e as idéias filosóficas que ele envolve, podemos agora nos voltar para aquilo que, desde sempre, mais preocupa os professores budistas, sua aplicação prática na vida a ser vivida. Como podemos chegar na Terra Pura, que é equivalente à iluminação? Resumindo o problema de saber qual mestre disse isso, e qual mestre disse aquilo, seria melhor para o propósito deste posfácio se deixássemos que a essência do pensamento do terra pura chegasse até nós por meio de uma única voz, e, no contexto deste livro, o candidato lógico para ser essa voz é o grande gênio espiritual do século XIII, Shinran (1173-1263), pois o budismo terra pura entrou nos Estados Unidos quase que exclusivamente vindo do Japão, e a igreja que Shinran fundou é a maior presença da tradição terra pura neste continente. O nome da sua igreja é Jodo Shinshu, onde *shin* quer dizer "verdadeira", *shu* significa "seita" e *jodo* é a palavra japonesa que designa o terra pura. Assim, Jodo Shinshu quer dizer "A Verdadeira Seita da Terra Pura".

Aos 9 anos de idade, Shinran entrou para o principal mosteiro da sua época decidido a se iluminar ainda na sua vida presente. Durante vinte anos, ele dedicou sua vida inteira à realização desse objetivo e descobriu que o que ele esperava transformar numa força que não podia ser detida — a sua vontade — colidiu com um objeto imóvel, o seu ego, cheio de uma ignorância sem fim, ganância e egoísmo. A descoberta causou uma severa crise. Como é possível se alcançar o estado de Buda se a vida humana traz em si essa contradição? A resposta chegou a ele via seu mentor, Honen. Se for para se superar o vácuo entre o finito e o Infinito, é o Infinito que deve tomar a iniciativa, pois a incomensurável diferença entre os dois frustra a possibilidade de que o finito possa passar sobre esse hiato com seus próprios recursos, uma tentativa comparável a tentar se erguer com os cadarços dos próprios sapatos. Se é para haver uma busca da iluminação pelo não-iluminado, deve caber à iluminação ser o agente real da busca, enquanto é ao mesmo tempo seu objeto. Começa o Voto Fundamental de Dharmakara, que nos assegura que a tentativa tem acontecido por eras e está solidamente em seu lugar. Mais uma vez o paralelo com o cristianismo é tão óbvio que quase cai sobre nós, pois todos os domingos os cristãos são encontrados cantando um hino que confessa que "eu estava afundando no pecado, longe de uma praia de paz/ Por dentro, profundamente maculado, afundando para nunca mais me erguer", e continua até o refrão que anuncia a saída: "O amor me ergueu, o amor me ergueu, / Quando nada mais podia me ajudar, o amor me ergueu." No caso do budismo terra pura, tudo o que o buscador precisa fazer é aceitar a compassiva abertura de Dharmakara, pronunciando confiantemente seu nome, Amida, em japonês, ou por completo, "Namu-Amida-Butsu".

Essa simples história com sua fórmula para se alcançar a iluminação de forma oportuna não poderia ter produzido gênios tão grandes quanto Honen e Shinran, se esses gigantes também não tivessem sido metafísicos de classe internacional que ouviram na fórmula reverberações da eternidade. Eles selecionaram os escritos dos grandes mestres budistas com uma minúcia que poucos igualaram, e o ponto principal com que surgem (apresentado, como eu disse, primariamente na voz de Shinran) é grosseiramente o seguinte:

Basicamente, todas as religiões são paradoxais. (Entre parênteses, elas têm de ser, pois se a mecânica quântica e a teoria da relatividade não podem ser explicadas de forma consistente em linguagem comum, assim como o nosso planeta tridimensional pode ser desenhado com precisão nas páginas bidimensionais dos livros de geografia, é inconcebível que a Realidade, a qual inclui o quanta e os mundos siderais, seja menos misteriosa do que eles.) O paradoxo eminente com que a religião nos confronta é a sua insistência de que os opostos que fazem a textura do mundo que normalmente vivemos são, quando corretamente compreendidos, na verdade, um só. Essa é a famosa doutrina da *coincidentia oppositorum*, a coincidência dos opostos. Abordando esse tema, Shinran argüiu que não alcançamos a raiz das coisas até percebermos a Unidade Absoluta que é sua pedra fundamental. As conseqüências dessa percepção (conforme Nagarjuna via) são significativas, pois se a levarmos a sério, ela nos detém abruptamente com conclusões do tipo, nosso "pecado abismal" é idêntico ao Poder Inimaginável que nos salva. O "eu" na relação eu-vós é idêntico ao "Vós", e o finito "sou", idêntico ao "Eterno Eu Sou". Nós dizemos o Nembutsu, mas na verdade é o Amida que o recita por meio de nós. Nosso desejo de nos tornarmos eternos é, na verdade, o desejo de Amida de que nos tornemos assim. Nosso amor por Amida é o seu amor por nós. A Luz que reside no nosso coração é a Sua Santa Luz. A morte do nosso eu finito é nosso renascimento no Eu Universal. Nossa passividade é a Atividade Incansável trabalhando dentro de nós. Este mundo sórdido *é* a Terra Pura. E assim por diante, como toda dicotomia se fundindo na — como devemos chamar? Infinita Luz e Compaixão de Amida? O Voto Fundamental? O Nembutsu? Finalmente as palavras se esgotam e somos deixados com a apreensão além delas de que já estamos livres desde sempre. As provações da vida foram sobrepujadas e estamos em paz.

Na sua leitura mais profunda, a última sentença permanece, mas é impossível mantê-la em foco porque o mundo cotidiano nos prende com suas garras e somos forçados a lidar com as onipresentes dicotomias do sujeito-objeto. No entanto, uma vez que se entende que suas oposições limitantes são apenas provisórias, vê-se que elas delimitam um campo para a ação compassiva se manifestar. A sabedoria, que nunca pode ser separada da sua correlata, a compaixão, consiste em ver tudo o que encontramos como se fosse um candidato a receber uma resposta compassiva da nossa parte. E mais, vemos as coisas que vêm a nós tão cheias de compaixão quanto nós mesmos, por se oferecerem como degraus para o nosso desenvolvimento espiritual, se respondermos a elas de maneira compassiva. Elas podem ser as vias pelas quais nossa natureza essencial pode encontrar expressão e penetrar na nossa compreensão diária de nós mesmos.

Nos muitos anos que se passaram desde a mudança do poder do eu para o Outro poder (Shinran morreu com 90 anos), ele se devotou a aprofundar sua compreensão do Voto Fundamental, trazendo as implicações dessa compreensão para sua vida diária e transmitindo incansavelmente o que tinha concluído às multidões de discípulos que rapidamente se reuniram ao seu redor. Não há dúvida de que a velocidade com que sua mensagem se propagou foi em grande parte devida ao fato de que ele e Honen tinham direcionado seus ensinamentos basicamente às classes inferiores. O zen sempre tinha sido uma tradição um tanto quanto aristocrática, atraindo primeiro a nobreza e depois os líderes da classe guerreira (os samurais). Exigia enérgicos esforços e apenas os bem de vida tinham tempo para isso. Honen e Shinran, porém, viveram numa época muito turbulenta. Uma série de calamidades naturais foi seguida de lutas pelo poder empreendidas por facções guerreiras que estavam retalhando a ilha em pedaços. Nessa época, as classes inferiores tinham de lutar desesperadamente para se manterem vivas. O mentor de Shinran e o próprio Shinran procuravam essas massas, pregando ao povo que começava a trabalhar quando as estrelas ainda brilhavam no céu e só voltava muito depois de escurecer, despencando como bestas de carga exaustas sobre camas de palha. A única coisa que podia induzir essas pessoas a roubar uns poucos momentos do seu depreciado sono era esperança, e Honen e Shinran trabalharam muito para levar isso a elas. A pessoas que, sem tempo nem energia para praticar exercícios espirituais, tinham se resignado ao inferno de encarnações sem fim de contratos de servidão, esses novos professores levaram a mensagem revigorante de que a auto-ajuda não era o único caminho! Não é difícil imaginar como a notícia do Voto Fundamental soou para elas. O Nembutsu é livre e fácil, disseram a elas, como um agradável passeio de barco.

Para ajudar seus convertidos, Honen e Shinran encheram templos com pinturas e estátuas do Amida Buda. O budismo terra pura dá preferência às primeiras, enquanto coloca o som acima de visualizações de qualquer tipo. O Nembutsu pode ser (e quase sempre é) escrito, mas o budismo terra pura crê que ouvir é a forma mais eficiente de fazer o Voto Fundamental entrar no coração humano. Pode-se ouvir o sermão de um sacerdote ou, num nível mais profundo, místico, escutar o poder de Amida como Luz.

A percepção das conseqüências existenciais do Voto de Dharmakara pode nos atingir como um raio, mas um raio não é a mesma coisa que faz frente à luz do dia, e convertê-lo nisso requer práticas espirituais. A conquista de Sabedoria/Iluminação é o objetivo da vida do budista, mas pode se dizer com muita freqüência que o ponto crucial é como conseguir isso. O que devemos *fazer* para purgar da nossa vida a paixão e as visões distorcidas? O budismo terra pura responde: aprofundem sua confiança no Voto Fundamental e se apeguem a essa confiança diante das provações e aflições da vida. Há vezes na vida em que a linha entre o ser e o não ser fica mais estreita. O momento da morte. Um nascimento ou um acidente de carro. Alegria súbita ou até mesmo uma tristeza repentina. Tudo isso pode nos fazer perceber que o Voto Fundamental de Dharmakara está sempre conosco, seguindo-nos a cada passo pela nossa jornada pela vida, implorando a nós que olhemos além das nossas preocupações corriqueiras e que *vejamos*. E que sejamos. Podemos ser gratos por essas incursões espontâneas, mas para o longo trajeto nada é mais eficiente que o Nembutsu. Honen o repetia milhares de vezes por dia, enquanto Shinran colocava mais ênfase na profundidade da confiança do praticante. Se o Nembutsu for dito com confiança absoluta, uma única vez que for proferido será o bastante. Shinran também dizia que o Nembutsu deveria ser repetido como se o Amida tivesse feito seu Voto Fundamental unicamente para o indivíduo que no momento o recita.

Cada vez mais, Shinran enfatizava o aqui e o agora. É apenas agora mesmo, no momento presente, que estamos vivos ou mortos, estagnados ou crescendo, cheios de pecado ou da sabedoria e compaixão do Voto Fundamental. A cada instante temos a escolha de voltar nosso coração para o Voto ou nos entregarmos à cobiça, à preguiça e aos impulsos, clicando ociosamente os canais de TV e preenchendo nossas horas com as distrações de tarefas práticas. E, claro, o esquecimento está sempre nos nossos calcanhares. Perdemos de vista o fato de que o Dom além de todos os dons é absolutamente Um com o Voto Fundamental. E quando nosso poder pessoal — nosso poder de calcular e raciocinar sobre a maneira como resolvemos as coisas — falha, o Voto Fundamental emerge e se manifesta a cada vez que se profere o nome do Amida Buda.

Conforme esse posfácio chega ao fim, quero enfatizar que muitos dos termos e conceitos que coloquei na boca de Honen e Shinran podem ser encontrados espalhados por todo o vasto corpo de textos mahayanas, muitos dos quais ainda não foram traduzidos para o inglês. Assim, o presente relato dá apenas uma idéia da sabedoria que a tradição terra pura incorpora.

Dito isso, se eu fosse tentar resumir a mensagem que Honen, e particularmente Shinran por meio do Jodo Shinshu, ofereceu ao mundo, poderia ser conforme se segue:

Se aqueles que buscam a iluminação — com a eliminação dos desejos e do ego — acham impossível fazer isso, a salvação e a Iluminação final ainda são possíveis. Não por meio dos nossos próprios esforços, mas, ao contrário, quando abandonamos esses esforços e nos entregamos ao Poder que não é o nosso, o Outro poder.

Em termos de um Ser, isso significa se entregar ao Amida Buda, que é Sabedoria e Compaixão Infinitas, e, concomitantemente se fazer um com ele. Como ação, significa ouvir, ouvir verdadeiramente, o Voto Fundamental de Amida, que assegura a salvação incondicional daqueles que parecem desesperançadamente além do seu seio. E, oralmente, significa proferir o nome do Amida, Namu-Amida-Butsu, com um sentimento de gratidão ilimitada. Não gratidão como um ato de virtude, mas como o extravasar, tão espontâneo quanto o canto de um pássaro, de um ser que em termos humanos é totalmente sem salvação, mas é em verdade salvo pela virtude do Outro Poder, ou seja, pela Compaixão Ilimitada e Sabedoria do Amida Buda.

NOTAS

~~~

CAPÍTULO 1

1. A palavra no caso de Jesus era diferente, mas o sentido da pergunta é o mesmo.

2. As sociedades budistas distinguem duas rodas que movem o mundo, a roda do poder político (*anachakra*) e a roda do poder moral-espiritual (*dharmachakra*). Os seguidores do Buda o honraram com o título de *Chakravartin* porque ele girava a última roda, fazendo-a rodar sobre a terra para despertar e beneficiar todos os seres. O sentido duplo semelhante de *messias* tem esse papel na história de Jesus.

3. Adaptado da tradução de Edward Conze do *The Buddhacarita (Acts of the Buddha), in* E. Conze, *Buddhist Scriptures* (Londres: Penguin, 1959), 44-45.

4. Veja Clarence H. Hamilton, *Buddhism: A Religion of Infinite Compassion* (1952; reimpressão, Nova York: Liberal Arts Press, 1954), 14-15.

5. Uma vigília é um período de quatro horas. A primeira vigília da noite vai do anoitecer às 22 horas.

6. "Quem vê a Ascensão Dependente vê o Ensinamento; quem vê o Ensinamento vê a ascensão Dependente." *Majjhima Nikaya*, Sutta 28. Para uma explicação sobre a Ascensão Dependente, veja a nota 14 do capítulo 3.

7. *Dhammapada*, 153-54, livre interpretação do autor.

8. Veja Hamilton, *Buddhism*, 3-4.

CAPÍTULO 2

1. Literalmente "Histórias de Nascimento", isto é, contos morais das últimas vidas do Buda. Um gênero maior da literatura budista, as *Lendas de Jataka* contam quinhentos e quarenta e seis vidas pregressas do Buda, trezentos e cinqüenta e sete como ser humano, sessenta e seis como deus e cento e vinte e três como animal.

2. Citado do *Digha Nikaya, in* J.B. Pratt, *The Pilgrimage of Buddhism and a Buddhist Pilgrimage* (Nova York: AMS Press, 1928), 10.

3. Relacionada *in* Pratt, *Pilgrimage*, 12.

4. Citada *in* Pratt, *Pilgrimage*, 8.

5. Citada *in* Pratt, *Pilgrimage*, 9.

Notas

6. Citada *in* Pratt, *Pilgrimage*, 10.

7. Ou seja, alguém que percorreu o Caminho até o fim.

8. *Majjhima Nikaya*, Sutta 72, citado *in* Pratt, *Pilgrimage*, 13.

Capítulo 3

1. William James, *The Varieties of Religious Experience* (Nova York: Macmillan, 1961).

2. Citado *in* B. L. Suzuki, *Mahayana Buddhism* (1948, edição revista, Londres: Allen e Unwin, 1981), 2.

3. Soma Thera, tradução, *Kalama Sutta, in The Wheel*, nº 8 (Kandy, Sri Lanka: Buddhist Publication Society, 1965).

4. E. A. Burtt, *The Teachings of the Compassionate Buddha* (Nova York: Mentor Books, 1955), 49-50.

5. *Samyutta Nikaya* 42, 6, citado *in* Georg Grimm, *The Doctrine of the Buddha* (Delhi: Motilal Banarsidas, 1958), 54.

6. Os Dez Grilhões são a crença da alma, a dúvida crônica, o apego a regras e rituais, o anseio sensual, a má vontade, o anseio por uma boa vida material, o anseio pela existência imaterial, a presunção, a inquietação e a ignorância.

7. Burtt, *Teachings*, 18.

8. Veja, por exemplo, Burtt, *Teachings*, 32.

9. Parafraseamos um pouco o discurso, conforme está *in Majjhima Nikaya*, Sutta 63, na tradução de E. J. Thomas *in Early Buddhist Scriptures* (Nova York: AMS Press, 1935), 64-67.

10. Citado *in* F. L. Woodward, *Some Sayings of the Buddha* (Londres: Gordon Press, 1939), 283.

11. Citado *in* Burtt, *Teachings,* 50.

12. Citado *in* Christmas Humphreys, *Buddhism* (Harmondsworth, Inglaterra: Pelican Books, 1951), 120.

13. Citado *in* Woodward, *Some Sayings*, 223.

14. *Samyutta Nikaya* 2, 64-65, conforme citado *in* A. Coomaraswamy, *Hinduism and Buddhism* (Nova York: Philosophical Library, 1943), 62.

A versão mais longa da ascensão dependente é expressa como um conjunto de doze condições interligadas (*nidana*): (1) a ignorância (do *anatta* [ausência do eu] e das Quatro Nobres Verdades) causa (2) as predisposições da índole, que trazem (3) consciência, que faz ocorrer (4) nome e forma, que causa (5) os campos dos seis sentidos, que permitem (6) contato entre os nossos sentidos e a realidade externa, que acarreta (7) sensações no corpo e na mente, que ocasionam (8) toda a estrutura do hábito de querer e de não-querer, que traz (9) apego, que acarreta (10) vir-a-ser, que gera (11) a reencarnação, à qual se seguem necessariamente (12) a doença, a decadência, a morte e todos os sofrimentos relacionados com elas. Se erradicarmos a ignorância, diz o Buda, as condições da nossa prisão começarão a cair como dominós. No entanto, o uso dessas doze condições para explicar a ascensão dependente foi comparado ao uso da colisão de algumas bolas de boliche para explicar as interações das partículas subatômicas. O tema é muito mais sutil. A extensão da Ascensão Dependente que a tudo engloba é mais bem compreendida na formulação mais curta, embora enganosamente simples, que acabamos de aludir: "Quando isto é, isso é também; isto se eleva, isso se eleva. Quando isto não é, isso também não é; isto se acaba, isso também se acaba." Essa última formulação nos ajuda a ver que a ascensão dependente pertence não só à personalidade humana, mas a toda a realidade. *Todas* as coisas e eventos dependem para a sua existência de outras coisas e/ou eventos — o que se assemelha à teoria do campo na física e acarreta necessariamente seu corolário de que todas as coisas e eventos são vazios de existência própria (*anatta*).

15. Woodward, *Some Sayings*, 294.

16. A visão social do Buda está bem acessível na jóia negligenciada de Trevor Ling *The Buddha: Buddhist Civilization in India and Ceylon* (Nova York: Scribner, 1973).

17. *Samyutta Nikaya* 3, 18.

18. Burtt, *Teachings*, 49. Conforme citamos essa famosa instrução algumas vezes, também devemos nos prevenir de alguma má interpretação disso. Ao dizer aos seus semelhantes que trabalhassem na sua própria salvação, o Buda não queria dizer "faça sua própria Verdade", mas "faça a Verdade ser sua".

Capítulo 4

1. Ambos os significados centrais budistas de "dharma" (Lei Cósmica e Ensinamento do Buda) estão contidos no título desse sermão. De um lado, dharma (do sânscrito *dhri*, apoiar ou sustentar) significa a Lei do Fundamento — a Ordem Moral do Universo, O Modo Como as Coisas Realmente São. De outro lado, dharma quer dizer o Caminho para se viver em harmonia com a Lei, conforme foi ensinado pelo Buda. Ao passo que dharma como Lei Eterna precede o Buda, é o dharma como Caminho que os ensinamentos do Buda colocam em movimento, sendo a "roda" uma metáfora antiga e óbvia do movimento. (Nos tempos do Buda, as pessoas poderosas eram chamadas de giradores de roda, veja a nota 2 do capítulo 1.) A essência do ensinamento budista, o Caminho Óctuplo, veio a ser simbolizado por uma roda de oito raios, a qual, por sua vez, tornou-se um ícone de todos os ensinamentos do Buda. A Roda do Dharma está no centro da bandeira da Índia.

2. Sir Edwin Arnold, *The Light of Asia* (A Luz da Ásia) (1879, reimpressão, Los Angeles Theosophy Co., 1977.)

3. Robert Penn Warren, *Brother to Dragons* (Nova York: Random House, 1979.)

4. Sigmund Freud, *General Introduction to Psychoanalysis* (Nova York: Liverwright, 1935), 344.

5. Para uma ótima reflexão contemporânea sobre o "eu que não está lá", veja David Loy, *Lack and Transcendence: The Problem of Death and Life in Psychotherapy, Existentialism and Buddhism* (Atlantic Highlands, NJ: Humanities Press, 1996).

6. No seu primeiro sermão, "Colocando em Movimento a Roda do Dharma".

7. Christmas Humphreys, *Buddhism* (Harmondsworth, Inglaterra: Pelican Books, 1951), 91.

Notas 185

CAPÍTULO 5

1. E. Easwaren, tradução, *Dhammapada*, vs. 61, 76, 207-8 (Tomales, CA: Nilgiri Press, 1985).

2. Ao relatar sua experiência de campo com os monges das florestas de Sri Lanka, o estudioso budista Michael Carrithers diz que embora ele abordasse seus assuntos pressupondo que, para eles, a moralidade era apenas preparatória para a meditação, ele veio a saber que era exatamente o contrário. Descobriu que eles davam um "lugar axiomaticamente fundamental para o *sila* (moralidade)", que o cultivo da moral era o "primeiro propósito" das suas vidas e que "os monges colocam a pureza moral na posição central, a qual eu desejaria que harmonizasse a experiência meditativa". Veja *The Forest Monks of Sri Lanka* (Delhi: Oxford University Press, 1983), 18-20. Veja também, Philip Novak, "Mysticism, Enlightenment and Morality", em *ReVision* 12, n° 1 (verão de 1989): 45-49.

3. Citado *in* J.B. Pratt, *The Pilgrimage of Buddhism and a Buddhist Pilgrimage* (Nova York: AMS Press, 1928), 40.

4. Nyanaponika Thera, tradução, *Anguttara Nikaya: An Anthology, Part II, in The Wheel*, n°² 208-11 (Kandy, Sri Lanka: Buddhist Publication Society), folio 56.

5. Edward Conze, *Buddhist Meditation* (Nova York: Harper & Row, 1975), 11.

6. Adaptado de várias traduções.

7. As três introvisões descritas neste parágrafo são sobre as *três marcas da existência* — impermanência (*anicca*), ausência de existência própria (*anatta*) e insatisfação (*dukkha*) — que são discutidas nos capítulos 6, 8 e 18.

8. Ignorância, aqui, não é falta de educação formal, mas falta de percepção intuitiva sobre o *anatta* (ausência do eu, ausência da alma), a ser discutida no capítulo 6. Para os budistas, a ilusão sobre o que realmente somos é o "pecado original", o erro que leva a personalidades feitas de anseio e de aversão — a urdidura e trama do sofrimento.

CAPÍTULO 6

1. *Samyutta Nikaya*, 38, 1.

2. Precisamente esse caráter indescritível do nirvana fez os budistas posteriores falarem de *shunyata*, ou "vazio". É vazio, mas não no sentido absoluto. Na verdade, é destituído de características finitas, especificáveis, da mesma forma que o supra-sônico não tem sons que nossos ouvidos possam registrar.

3. *Milindapanha,* 271, condensado conforme traduzido por Edward Conze *et al., Buddhist Texts Through The Ages* (Nova York e Evanston: Harper & Row, 1964), 99-100.

4. *Iti-vuttaka*, 43; *Udana* 8, 3. Veja Pratt, *Pilgrimage,* 88-89 e E. A. Burtt, *The Teachings of The Compassionate Buddha* (Nova York: Mentor Books, 1955), 113.

5. Edward Conze, *Buddhism: Its Essence and Development* (reimpressão, Nova York: Harper & Row, 1951), 40.

6. Compare, por exemplo, sua relação com "God Above God" de Paul Tillich *in The Courage to Be* (New Haven, CT: Yale University Press, 1952), 186-90.

7. Mestre zen Dogen, *in* Heinrich Dumoulin, *A History of Zen Buddhism* (Boston: Beacon Press, 1963), 159.

8. *Vajracchedika* (*Sutra Diamante*), 32.

9. Isso, de passagem, era uma das formas nas quais a compreensão da reencarnação do Buda diferia daquela da maioria dos hindus da sua época. A doutrina hindu padrão atribuía o renascimento ao karma, as conseqüências das ações postas em movimento em vidas prévias. Como essas ações são inumeráveis, pressuponha-se que eram necessárias inumeráveis vidas para se livrar dessas conseqüências. Caracteristicamente, o Buda tinha uma visão mais psicológica. A reencarnação, afirmava, não era devida ao karma, mas à tanha. Desde que o desejo de existir como um eu separado persista, esse desejo é concedido. Segue-se que, uma vez que o desejo é a chave, é possível sair permanentemente do ciclo de renascimento sempre que se deseja isso sinceramente.

10. *Arhat* significa "pessoa nobre". Não há diferença entre um arhat e um Buda em termos de profundidade de sabedoria ou bondade moral. O último título é simplesmente reservado para alguém que descobriu o Caminho sem a ajuda de outro.

11. Do *Majjhima Nikaya* 72, Aggi-Vacchagotta Sutta, adaptado.

12. Citado *in* Pratt, *Pilgrimage*, 86. Substituímos a expressão "tendências de índole" pela palavra "força" no texto de Pratt. O termo que foi traduzido é *sankhara*.

13. Veja capítulo 3, nota 14.

14. *Samyutta Nikaya* 38,1, 3, 83-84, adaptado.

15. Citado *in* Pratt, *Pilgrimage*, 91

CAPÍTULO 7

1. A versão tibetana afirma que o Buda pregou explicitamente as doutrinas mahayanas, mas no seu "corpo glorificado" (*sambhogakaya*), o qual apenas seus discípulos mais avançados podiam perceber.

2. Do *Bodhicaryavatara* de Shantideva, capítulo 3 vs. 7-10, citado *in* E. A. Burtt, *Teachings of the Compassionate Buddha* (Nova York: Mentor, 1955), 136, de L. D. Barnett, *The Path of Light* (Londres: John Murray), 37-94.

3. Os theravadins não deixam de ter uma cosmologia. Tradicionalmente, ela tem trinta e um níveis e inclui muitos reinos de deuses e domínios de bem-aventurança e castigo. Mas como nenhuma ajuda real vem desses lugares, relativamente pouca atenção é dada a eles. As imagens do mundo do budismo mahayana não são apenas quase sempre mais elaboradas, mas também mais comprometidas com o socorro espiritual de quem as vê.

4. Embora o budismo mahayana honre a sabedoria como aquilo que conduz à compaixão.

5. Se dizer isso parece misturar religião com política, devemos perceber que este livro, que enfoca a metafísica, a psicologia e a ética, não se aprofunda nesse aspecto, isto é, que as grandes religiões entraram na História não tanto como religiões no sentido estrito da palavra, mas como civilizações. Cada uma delas delimitou para seus fiéis todo um modo de vida — um mundo de vida que engloba não apenas as coisas que consideramos distintamente religiosas, mas também setores da vida que o mundo moderno divide em economia, política, ética, lei, arte, filosofia e educação.

6. Um excelente começo nessa direção é o já mencionado livro de Trevor Ling, *The Buddha: Buddhist Civilization in India and Ceylon* (Nova York: Scribner, 1973).

CAPÍTULO 8

1. Há, na verdade, inúmeras coisas que poderiam ser ditas, não sem violar a natureza introdutória da presente obra. Para um relato mais minucioso sobre o budismo theravada, não podemos pensar em nada melhor para começar do que Richard Gombrich, *Theravada Buddhism: A Social History from Ancient Benares to Modern Colombo* (Londres e Nova York: Routledge and Kegan Paul, 1988). Gombrich enfoca o budismo theravada do Sri Lanka. Para relatos mais ricos sobre o budismo theravada da Tailândia e Birmânia, veja S. J. Tambiah: *Buddhism and the Spirit Cults in Northeast Thailand* (Cambridge: Cambridge University Press, 1970) e Melford Spiro: *Buddhism and Society: A Great Tradition and its Burmese Vicissitudes* (Nova York: 1970), respectivamente.

2. *Abhidhamma* é freqüentemente traduzido como "dhama (dharma) superior", no sentido de uma explicação filosoficamente mais exata dos ensinamentos do Buda, mas talvez seja mais bem entendida como "dhamma por todos os lados" ou "pós dhamma", no sentido da análise e do comentário pós-Buda.

3. Essa afirmação foi o resultado de uma conferência de monges que aconteceu por volta do ano 100 a.C., quando foi debatido se o aprendizado ou a prática era a base do ensinamento do Buda. Está citada *in* Richard Gombrich, *Theravada Buddhism: A Social History from Ancient Benares to Modern Colombo* (Londres e Nova York: Routledge and Kegan Paul, 1988), 152.

4. A ordem *bhikkunis*, ou monjas, do Sri Lanka se extinguiu no décimo primeiro século e até hoje não foi formalmente restabelecida (veja Peter Harvey, *An Introduction to Buddhism* [Cambridge: Cambridge University Press, 1990], 222-24.) Contudo, uma ordem informal de monjas ordenadas que raspam a cabeça, adotam nomes em pali, vestem túnicas monásticas e permanentemente se devotam a oito ou dez preceitos (ou seja, de três a cinco a mais do que os necessários para o leigo budista) existe e há, hoje, cerca de três mil dessas monjas no Sri Lanka, bem como aproximadamente vinte mil monges.

5. Parece que durante muitos séculos a prática da meditação quase desapareceu nos lugares de tradição theravada do sudeste asiático e que a sangha foi ocupada quase que exclusivamente com o estudo das escrituras, a execução de rituais, o refinamento moral e a educação e assistência aos leigos. O que atualmente o mundo reconhece como "meditação theravada" e "vipassana" são produtos do recente renascimento do interesse por meditação que pode remontar, com segurança, a apenas cento e cinqüenta ou duzentos e cinqüenta anos. Veja Robert H. Sharf, "Buddhist Modernism and the Rhetoric of Meditative Experience", *Numen* 42 (1995): 228-83, especialmente 246-59.

6. E. Easwaren, tradução, *Dhammapada* (Tomales, CA: Nilgiri Press, 1985), v. 80.

7. Rick Fields, *How the Swans Came to the Lake: A Narrative History of Buddhism in America* 3ª edição (Boston e Londres: Shambhala, 1992), 370.

8. 14 de março de 1977. A mesma opinião é tida por Nyanaponika *in The Heart of Buddhist Meditation* (Nova York: Samuel Weiser, 1973), 89. Nyanaponika sustenta que o que é necessário para o progresso na meditação vipassana é um grau de concentração conhecido como *upacara-samadhi* ("concentração de acesso"), que é profunda, mas ainda curta no primeiro jhana.

9. *Majjhima Nikaya* 1, folio 240, citado *in* Edward J. Thomas, *The Life of Buddha* (Londres: Routledge and Kegan Paul, 1927), 63. Em um artigo embrionário, o estudioso do budismo Robert Gimello observa que na tradição Theravada os jhanas não têm "valor libertador ou força cognitiva em si" ("Mysticism and Its Contexts", *in* Steven Katz, org., *Mysticism and Religious Traditions* [Nova York; Oxford University Press, 1983], 63).

10. Sangharakshita, *A Survey of Buddhism* (Glasgow: Windhorse Publications, [1957] 1993), 192. Uma voz contemporânea dissidente é a da finada monja alemã Ayya Khema, que, enquanto reconhecia que a introvisão é o fator crucial, sentia que os jhanas foram injustamente depreciados por muitos professores de vipassana e buscava reafirmar os jhanas como veículos eficientes de introvisão. Veja S. Batchelor, *The Awakening of the West: The Encounter of Buddhism and Western Culture* (Berkeley, CA: Parallax Press, 1994), 352.

11. *The Way of Mindfulness*, 6ª edição revista (uma tradução do *Satipatthana Sutta* do *Majjhima Nikaya*), tradução de Soma Thera (Kandy, Sri Lanka: Buddhist Publication Society, 1998), p. 11 da versão online (http://www.accesstoinsight.org).

12. *Anguttara Nikaya* 4, 45.

13. *Theragatha* 468.

14. *Anguttara Nikaya* 1.

15. *Digha Nikaya* 1, Brahmajala Sutta, citado *in* William Hart, *The Art of Living: Vipassana Meditation as Taught by S. N. Goenka* (San Francisco: HarperSanFrancisco, 1987), 148, condensado.

16. Anseio, aversão, letargia, torpor, preocupação, agitação e dúvida cética.

17. Atenção, aplicação analítica do dhamma, esforço, êxtase, tranqüilidade, concentração e equanimidade.

18. *Samyutta Nikaya*, Apana Sutta, citado *in* Hart, *The Art of Living*, 157.

19. *Samyutta Nikaya* 52, 9, adaptado e condensado.

20. Stephen Batchelor escreve: "De fato, a vipassana é o ponto central de *todas* as formas de prática de meditação budista. A meta distinta de qualquer tradição contemplativa budista é um estado no qual a calma interior (samatha) é *unificada* à introvisão (vipassana). Com o decorrer dos séculos, cada tradição desenvolveu seus próprios métodos para efetivar esse estado. E a tradição difere nesses métodos, não no seu objetivo final de se obter a calma e a introvisão unificadas" (*Awakening of the West*, 344). É verdade que a vipassana é uma meta que pode ser alcançada por meio de muitos métodos (conforme disse Batchelor), desde que se refira a apenas uma meta geral. O problema é que a vipassana também se refere muito especificamente a um método particular, isto é, a *prática da introvisão nas três marcas da existência por meio da consciência de (um ou mais) dos quatro campos da atenção (corpo, sensações físicas, mente, objetos mentais)*. Isso parece reforçar a divergência entre as tradições de meditação budistas que Batchelor busca amenizar.

21. Itivuttaka Sutta, 27.

22. "The Practice of Metta", no Sutta Nipata, 145-51, tradução de Nanamoli Thera, *in The Wheel*, nº 7 (Kandy, Sri Lanka: Buddhist Publication Society, 1964), 19.

Notas **189**

23. *Majjhima Nikaya*, Sutta nº 7, "The Simile of the Cloth", tradução de Nyanaponika Thera (Kandy, Sri Lanka: Buddhist Publication Society, 1988), v. 12, adaptada para eliminar repetição.

24. *Dhammapada*, 183, interpretação livre do autor.

25. *Udana*, 5, 5, Uposatha Sutta.

CAPÍTULO 9

1. O autor Smith assume a responsabilidade principal por este capítulo. Ele foi iniciado sob a influência da pessoa e dos escritos do dr. D. T. Suzuki e recebeu sua forma final depois de um treinamento de seis semanas em Kioto no verão de 1957 — semanas que incluíram prática diária de *sanzen* (consulta a respeito da meditação) com o eminente mestre zen Goto Roshi, celebração do *gematsu o-sesshin* (oito dias de exame da mente e do coração) com monges do mosteiro de Myoshinji (Templo da Mente Maravilhosa), acesso aos manuscritos da filial de Kioto do First Zen Institute of America, além de importantes conversas com sua então diretora, Ruth Fuller Sasaki.

2. Um professor ocidental, desejando mostrar que tinha apreendido a determinação do zen de transcender as formas, expressou surpresa quando o abade de um templo que ele visitava se inclinava reverentemente para as imagens do Buda enquanto passavam por elas. "Pensei que você estivesse acima dessas coisas", disse e acrescentou, "Eu já superei. Poderia cuspir nessas imagens agora." "Muito bem", disse o abade no seu inglês não muito perfeito. "Você cospe, eu faço reverência."

3. Devido à extensão da intensidade com que a razão interferia na prática do zen do autor Smith, seu professor, Goto Roshi, diagnosticou-o como tendo contraído a "doença do filósofo". Imediatamente, porém, retratou-se, reconhecendo que não havia nada de errado com a filosofia em si. Ele mesmo tinha um mestrado em filosofia cursado numa das melhores universidades japonesas. "Entretanto", prosseguiu ele, "a razão pode apenas trabalhar com a experiência que está disponível a ela. Você sabe, obviamente, raciocinar. O que falta em você é a premissa empírica que faz a razão ser sábia quando é refletida *a partir de*. Durante estas semanas, deixe a razão de lado e trabalhe com a experiência."

4. As duas são *Soto*, derivado do dogen, que importou a escola *Ts'ao-tung* de Ch'an da China, e *Rinzai*, a versão japonesa da escola *Lin-chi*, que Eisai introduziu no Japão. A primeira considera a iluminação um processo gradual, a última, que ela acontece repentinamente.

5. O uso do koan é de rigor no zen rinzai. A escola soto usa o koan, mas com menos ênfase, e tende a enfatizar a prática do zazen.

6. Disseram ao autor Smith que o tempo mais curto de resolução de um koan, de que se tem notícia, foi de uma noite e o mais longo, de doze anos.

7. Dylan Thomas, "Light Breaks Where No Sun Shines". Os *koans* são de fato de tipos diferentes, atrelados aos estágios do progresso do estudante. Como a mente deve trabalhar de forma diferente, de acordo com o tipo de koan que é designado, uma descrição fenomenológica de todo o âmbito do estudo do koan seria complexa. O que é dito aqui

se refere aos primeiros koans. A obra de Isshu Miura e Ruth Fuller Sasaki, *Zen Dust: The History of the Koan and Koan Study in Rinzai* (Nova York: Harcourt, Brace & World, 1966), apresenta um relato completo do treinamento do koan.

8. Miura e Sasaki, *Zen Dust,* 92. Fonte não disponível.

9. Citado *in Cat's Yawn* (Nova York: First Zen Institute of America, 1947), 32.

10. Citado *in Zen Notes* 1, nº 5 (Nova York: First Zen Institute of America), 1.

11. Um grande mestre, Dai Osho, relatou que "tive dezoito Grandes Satoris e perdi a conta de quantos pequenos satoris já tive".

12. Miura e Sasaki, *Zen Dust.*

13. De *The Sayings of the Lay Disciple Ho.* Não publicado em inglês.

14. Condensado da tradução de D. T. Suzuki *in* Edward Conze, *Buddhist Scriptures* (Baltimore: Penguin Books, 1973), 171-75.

15. De "Zen-A Religion", ensaio não publicado de Ruth Fuller Sasaki.

Capítulo 10

1. A palavra que os tibetanos usam para traduzir o termo sânscrito *vajra* é *dorje,* que literalmente significa "pedra principal" (*dorj,* "pedra"; *je,* "principal").

2. Houston Smith está descrevendo aqui os rituais de Gyume e Gyutö — os dois mais elevados colégios tântricos do Tibete, agora exilados na Índia —, no último dos quais ele se envolve em trabalho de campo. Para detalhes sobre seu canto excepcional, veja Huston Smith, "Can One Voice Sing a Chord?", *The Boston Globe,* 26 de janeiro de 1969; com Kenneth Stevens, "Unique Vocal Ability of Certain Tibetan Lamas", *American Anthropologist* 69 (abril de 1967): 2; e com K. Stevens e R. Tomlinson, "On an Unusual Mode of Chanting by Certain Tibetan Lamas", *Journal of the Accoustical Society of America* 41 (maio de 1967): 5. Esse modo de cantar introduziu um novo termo na lexicografia da musicologia, o canto multifônico. Ele foi importado da Índia (onde a arte se perdeu) e preservado nos dois colégios que acabamos de mencionar, que continuam a sobreviver no exílio na Índia. O canto de garganta tuva parece a versão tibetana, mas o canto multitonal mongol é produzido por um mecanismo vocal deferente e é música folclórica.

Capítulo 11

1. E. Easwaren, tradução, *Dhammapada* (Tomales, CA: Nilgiri Press, 1985), v. 5.

2. Easwaren, tradução, *Dhammapada,* v. 6.

3. O *Sutra do Coração* e o *Sutra do Diamante* estão entre os trechos mais celebrados dessa literatura.

4. Isto é uma paráfrase de Nagarjuna, o grande filósofo do vazio que a tradição budista freqüentemente honra como sendo o segundo Buda. Sua afirmação clássica é "não há nenhuma diferença entre sansara e nirvana" (*Mulamadhyamakakarika,* capítulo 25, v. 19).

5. De "Song in Praise of Zazen" de Hakuin, ligeiramente adaptado.

6. O verso de abertura do Voto do Bodhisattva é, "os seres senciente são inúmeros, eu juro salvá-los". E no padrão clássico não-dualista o *Sutra Diamante* do budismo maha-

yana declara que um verdadeiro bodhisattva, enquanto trabalha para salvar os outros seres, nunca se esquece que na realidade não existem outros seres — não há eu separado dos outros — para salvar.

Os theravadins honram os sentimentos sublimes do Voto do Bodhisattva, mas permanecem céticos sobre o não-dualismo que serve como seu pano de fundo filosófico. Deduzir da doutrina do vazio que "samsara é nirvana" pode ser logicamente eminente, dizem os theravadins, mas se isso frustra o esforço para se chegar de fato à margem distante, onde essa frase se torna fato, ela se torna, em vez disso, um "mantra" no pior sentido da palavra — um ritual vazio. As dualidades ensinadas pelo sempre pragmático Buda (ignorância e iluminação, bem e mal, sansara e nirvana) são as mesmas dualidades da nossa experiência real de vida e, pensam os theravadins, sua eliminação, não importa o quanto seja atraente em termos de lógica, arrisca fazer perder o Caminho. Assim, se os mahayanistas censuram os theravadins por permanecerem num dualismo provisório que convida a um tipo de egoísmo espiritual ("*eu* estou fazendo progresso do sansara ao nirvana"), os theravadins censuram os mahayanistas por um não-dualismo que corre o risco de virar presunção e complacência ("não há nada realmente a fazer").

Em última análise, porém, "theravada" e "mahayana" são abstrações conceituais. A realidade é o indivíduo budista que, sem levar em consideração sua afiliação formal, deve sustentar essa dialética do grande esforço/não-esforço *na sua própria cabeça*. (A versão cristã seria trabalhar para sua salvação por todos os meios, mas não esquecer que nada pode separar você do amor de Deus que a tudo envolve.) Às vezes nos perguntamos se o Buda poderia ter intencionado a duradoura tensão entre o theravada e o mahayana para engendrar em todos os seus seguidores um mecanismo "adaptável" mutuamente corretivo para a verdadeira travessia para a margem longínqua.

Capítulo 12

1. Veja N. A. Nikam e R. McKeon, *The Edicts of Asoka* (Chicago: University of Chicago Press, 1959). As obras de Gombrich (1988), Ling (1973) e Robinson e Johnson (1997), citadas em "Sugestões para leituras adicionais", contêm excelentes relatos breves da carreira de Asoka.

2. *Srimad Bhagavata: The Holy Book of God*, livro 9, capítulo 21, v. 12, adaptado. O autor do *Bhagavatam* é Shukadeva, mas esta citação em particular é atribuída a Rantideva.

3. Mas há novas notícias nesse *front*, e essa doutrina hindu multissecular parece agora destinada a minguar. Recentemente soubemos que em 11 de novembro de 1999, o Shankaracharya de Kanchi, uma elevada autoridade religiosa hindu, deu uma entrevista coletiva incitando os hindus a pararem de ensinar que o Buda é uma encarnação de Vishnu. Desde então, nada menos de vinte e dois líderes religiosos hindus assinaram um documento que reflete essa mesma posição. O promotor da entrevista coletiva e do documento foi S. N. Goenka (descrito no capítulo 18), um influente professor de meditação budista. Goenka chamou a atenção dos líderes hindus para o fato de que a persistência nessa crença está causando muito mal às relações da Índia com os países budistas vizinhos.

O relevante parágrafo do documento histórico diz o seguinte: "devido a quaisquer motivos, foi produzida (na Índia) uma literatura na qual se declara que o Buda é uma reencarnação de Vishnu e muitas coisas foram escritas sobre ele. Isso é muito desagradável para os países vizinhos. A fim de se fomentar laços de amizade entre as duas comunidades, decidimos que o que quer que tenha acontecido no passado (não pode ser desfeito, mas) deve ser esquecido e essas crenças não devem ser propagadas" (Documento para a imprensa, Maha Bodhi Society, Sarnath, Índia, 11 de novembro de 1999).

O motivo pelo qual essa doutrina "não pode ser desfeita" é porque ela aparece nos Puranas, escrituras sagradas hindus, que simplesmente não podem ser desfeitas. Mas conforme a história religiosa do mundo ensina, os aspectos das escrituras sagradas que não são mais aceitos como corretos pela maioria da comunidade que as reverencia pode ser eficientemente neutralizados simplesmente por serem cada vez menos mencionados. Essa parece ser a estratégia adotada aqui.

4. De acordo com a tradição hindu, a última das dez encarnações de Vishnu, Kalki, ainda não surgiu e só acontecerá no final do Kali Yuga ("Era do Declínio").

CapÍtulo 13

1. Os autores não puderam identificar a fonte exata dessa passagem. Uma passagem semelhante pode ser encontrada no *Digha Nikaya* 16 (Mahaparinibbana Sutta), pt. 3, v. 6.

2. Citado *in* Rick Fields, *How the Swans Came to the Lake: A Narrative History of Buddhism in America,* 3ª edição (Boston e Londres: Shambhala, 1992), 20.

3. Citado *in* Fields, *Swans,* 20-21. Os primeiros missionários jesuítas na China abraçaram de início o budismo, mas mudaram sua aliança para o confucionismo ao perceberem que era uma via de maior influência. Sua atitude com relação ao budismo era mesclada.

4. Stephen Batchelor, *The Awakening of the West: The Encounter of Buddhism and Western Culture* (Berkeley, CA: Parallax Press, 1994), 166, 167.

5. Veja Fields, *Swans,* 47.

6. Fields, *Swans, 25.*

7. Veja, por exemplo, Nietzsche, *The Antichrist,* seções 20-22.

8. Friedrich Nietzsche, *The Antichrist,* 42. (R. J. Hollingdale, tradução, *Twilight of the Idols, The Antichrist* (Nova York: Penguin, 1968), 154.

9. Veja Martin Baumann, "The Dharma Has Come West: A Survey of Recent Studies and Sources", *in Journal of Buddhist Ethics* 4 (1997).

10. Senaka Weeraratna, "The Spread of Buddhism in Germany", *Daily News,* 31 de janeiro de 2001. Veja http://www.lanka.net/lakehouse/2001/01/31/fea05.html

11. Entre os quais destacamos *Word of the Buddha,* uma jóia de seleções essenciais do Cânon Pali.

12. Por exemplo, *The Vision of Dhamma* e *The Heart of Buddhist Meditation.* Veja a bibliografia para a referência completa.

13. Batchelor, *Awakening,* 44.

14. Batchelor, *Awakening,* 114-15.

8. O retiro de três anos, três meses e três dias foi descrito por Ken McLeod, que o completou duas vezes, *in* Don Morreale, *The Complete Guide to Buddhist America* (Boston e Londres: Shambhala, 1998), 229-34, e também *in* Rick Fields, *Swans*, 333-35.

CAPÍTULO 18

1. Um relato interessante da reputada reinvenção da tradição de meditação budista pode ser encontrado *in* Robert H. Sharf, "Buddhist Modernism and the Rhetoric of Experience", *in Numen, 42*, 1995, 228-83, especialmente 252-59.

2. Uma lista consistente é dada em Charles Prebish, *Luminous Passage: The Practice and Study of Buddhism in America* (Berkeley: University of California Press, 1999), 151-152.

3. Veja, por exemplo, Richard Hughes Seager, *Buddhism in America* (Nova York: Columbia University Press, 1999) 249-252, para conhecer o perfil desses dois professores. Denison também é descrito *in* Sandy Boucher, *Turning the Wheel: American Women Creating the New Buddhism* (San Francisco: HarperSanFrancisco, 1988) e Lenore Friedman, *Meetings with Remarkable Women: Buddhist Teachers in America* (Londres e Boston, Shambala, 1987).

4. Gil Fronsdal, "Insight Meditation in the United States: Life, Liberty and the Pursuit of Happiness", *in* C. Prebish e K. Tanaka, orgs., *The Faces of Buddhism in America* (Berkeley: University of California Press, 1998), 165-166.

5. As contribuições de Jack Kornfield, Joseph Goldstein e outros na esfera do movimento vipassana americano foram extensamente cobertas em obras recentes sobre o budismo americano, como em Prebish, *Luminous Passage*, 148-58; Seager, *Buddhism in America*, 146-51; e James W. Coleman, *The New Buddhism: The Western Transformation of an Ancient Tradition* (Nova York: Oxford University Press, 2001), 77-81, 109-13. Esses trabalhos, porém, falam relativamente pouco a respeito de S. N. Goenka. Estamos buscando reequilibrar isso oferecendo um relato um tanto breve do primeiro e outro mais extenso do último.

6. Stephen Batchelor, *The Awakening of the West: The Encounter of Buddhism and Western Culture* (Berkeley, CA: Parallax Press, 1994), 247.

7. O título de um antigo poema budista.

8. Relatos sobre o método mahasi podem ser encontrados *in* Jack Kornfield, *Living Dharma: Teachings of Twelve Buddhist Masters* (Boston: Shambhala, 1995), 51-81; Mahasi Sayadaw, *Satipatthana Vipassana* (Seattle: Seattle Pariyatti Press, 1990); Nyanaponika Thera, *The Heart of Buddhist Meditation* (Nova York: Weiser, 1973) e *The Power of Mindfulness* (Unity Press); e E. H. Shattock, *Experiment in Mindfulness* (Nova York: Weiser, 1972). O melhor relato sobre o método de Goenka é de William Hart, *The Art of Living: Vipassana Meditation as Taught by S. N. Goenka* (San Francisco: HarperSanFrancisco, 1987).

9. Fronsdal, "Insight Meditation", *in* Prebish e Nakata (orgs.), *Faces of Buddhism*, 173.

10. *Inquiring Mind* 18, nº 1 (outono de 2001): 38.

11. Pelo menos duas figuras associadas ao theravada/vipassana americano devem ser mencionadas aqui. Henepola Gunaratna é um monge do Sri Lanka que cursou seu Ph.D. em filosofia na American University e agora dirige a Bhavana Society, um centro de prática localizado em Shenandoah Valley, West Virginia, baseado no monasticismo theravada, mas incluindo adaptações americanas. Havanapola Ratanasara também é um monge do Sri Lanka com educação universitária. Depois de imigrar para os Estados Unidos em 1980, ele fundou um dos primeiros templos theravada de Los Angeles, o Dharma Vijaya Buddhist Vihara. Hoje, ocupa muitos postos administrativos e de comitê, inclusive a presidência do College of Buddhist Studies em Los Angeles. Baseado no budismo theravada monástico, ele está trabalhando, contudo, para tornar o budismo mais progressista, conforme evidenciam seus esforços para ressuscitar a ordenação completa de mulheres. Veja Seager, *Buddhism in America*, capítulo 9.

12. Batchelor, *Awakening*, 240.

POSFÁCIO

1. A transliteração correta do primeiro nome do professor Suzuki é "Daisetsu", mas como o público leitor se acostumou com "Daisetz", optamos por esse uso.

2. Daisetz Suzuki, *Collected Writings on Shin Buddhism* (Kyoto: Shinshu Otani-Ha, 1973), 36.

3. Isso é uma paráfrase de uma citação do *Larger Sukhavativyuha Sutra (The Embellishment of the Pure Land)* conforme encontrado em Kenryo Kanamatsu, *Naturalness: A Classic of Shin Buddhism* (Bloomington, Indiana: World Wisdom, Inc., 2002), 17-23. A fonte de Kanamatsu, com uma pequena adaptação, é F. Max Muller, *The Sacred Books of the East*, vol. XLIX (Oxford: Clarendon Press, 1894).

4. Para voltar à explicação de por que eu (Smith) me voluntariei para escrever este posfácio, o Nembutsu está profundamente gravado nas minhas lembranças de infância. Enquanto andava pelas estreitas vielas da pequena cidade rural chinesa na qual cresci, costumava ouvir o murmúrio dos passantes no nosso dialeto camponês de Xangai, "na-ma-uh-mi-du-vah", que é notavelmente semelhante foneticamente ao Nembutsu japonês citado no texto. Naqueles dias de infância, eu não sabia o que aquelas sílabas queriam dizer, apenas que tinham alguma coisa que ver com o budismo, e é gratificante depois de tantos anos me ver voltando ao começo do ciclo, encontrando essas sílabas novamente e desta vez as compreendendo.

SUGESTÕES DE LEITURAS ADICIONAIS:
Um Guia Comentado

RELATOS GERAIS

Embora escrito na década de 1920, o livro de J. B. Pratt, *The Pilgrimage of Buddhism and a Buddhist Pilgrimage* (Nova York: AMS Press, 1928), continua sendo um relato completo, confiável e de leitura agradável.

Mais recente e acessível é o livro de Richard Robinson e Willard Johnson, *The Buddhist Religion*, 4ª edição (Belmont, CA: Wadsworth Publishing Co., 1997), minucioso e muito bem informado.

An Introduction to Buddhism, de Peter Harvey (Cambridge: Cambridge University Press, 1990), faz o livro de Robinson e Johnson valer o dinheiro gasto nele. É minucioso, atualizado, simpático e de fácil leitura.

Buddhism: A Way of Life and Thought, de Nancy Wilson Ross (Nova York, Random House, 1981), continua sendo uma adorável e inteligente introdução geral ao budismo, cobrindo a vida do Buda, ensinamentos básicos e três das principais escolas budistas, a theravada, a tibetana e o zen. O tamanho modesto, belas ilustrações, mapas úteis, um glossário e sugestões bibliográficas são atrações a mais, embora o último item esteja um tanto desatualizado.

Buddhism: Its Essence and Development, de Edward Conze (1959; reimpressão, Birmingham, Inglaterra: Windhorse Publications, 2002) ainda ilumina e encanta de muitas maneiras. Velhinho, mas bom.

A seção sobre budismo em Heinrich Zimmer, *The Philosophies of India*, organizado por Joseph Campbell (Nova York: Bollingen Foundation, 1951), rivaliza com Marco Palli, *Peaks and Lamas* (veja a seção sobre vajrayana desta bibliografia) na beleza da sua escrita e no seu poder de elevação espiritual. Esta frase, nas suas páginas de abertura, dá o tom do livro: "O objetivo básico de qualquer estudo sério sobre o pensamento oriental não deve ser apenas reunião e organização de tanta informação quanto possível, mas sim a recepção de alguma influência."

A tese central de Trevor Ling *in The Buddha: Buddhist Civilization in India and Ceylon* (Nova York: Scribner, 1973) é que o Buda não originou uma religião, mas uma *civilização*, o plano para todo um modo de vida que envolve não apenas o mundo privado, interior dos indivíduos, mas as práticas econômicas, sociais e políticas da sua sociedade. O retrato erudito e simpático que Ling fez do Buda o situa no ambiente geográfico, social e econômico do seu tempo. O capítulo 9 explica como a teoria social do Buda funcionou durante o reino do rei Asoka e as notas do capítulo incluem uma tradução dos famosos editos na pedra de Asoka.

Walpola Rahula, *What the Buddha Taught,* edição revista (Nova York: Grove, 1962), limita-se a uma discussão dos ensinamentos originais do Buda, mas nesse gênero não há nada mais refinado e conciso. O texto principal tem menos de cem páginas. Excelentes seleções das escrituras budistas enriquecem essa edição revista.

Uma extraordinária combinação de erudição e entusiasmo pelo dharma é *A Survey of Buddhism* (1957, reimpressão, Glasgow: Windhorse Publications, 1987), talvez o mais completo escrito por um dos mais prolíficos e influentes budistas do nosso tempo, Dennis Lingwood, cujo nome de iniciado é Sangharakshita.

Para relatos históricos e antropológicos do budismo theravada no sudeste asiático, não pensamos em nada melhor para se começar que *Theravada Buddhism: A Social History from Ancient Benares to Modern Colombo,* de Richard Gombrich (Londres e Nova York: Routledge and Kegan Paul, 1988). Gombrich enfoca o budismo theravada do Sri Lanka. Para relatos mais ricos sobre o budismo theravada da Tailândia e Birmânia, veja S. J. Tambiah: *Buddhism and the Spirit Cults in Northeast Thailand* (Cambridge: Cambridge University Press, 1970) e Melford Spiro: *Buddhism and Society: A Great Tradition and its Burmese Vicissitudes* (Nova York: Harper & Row, 1970), respectivamente.

A VIDA DO BUDA

O clássico de Edwin Arnold, *The Light of Asia* (*A Luz da Ásia*, Editora Pensamento, São Paulo, 1978.) (Filadélfia: Althemus, 1879, reimpressão, Los Angeles: Theosophy Co., 1977), é uma versão poética da vida do Buda que merecidamente gozou de tremenda popularidade no final do século XIX e começo do XX. Uma das maiores histórias já contadas é aqui narrada com grande força e sentimento.

The Life of the Buddha, de Bhikkhu Nanamoli, (BPS Pariyatti Editions, primeira edição americana, 2001), é outro clássico compilado com grande ternura e introvisão por um monge theravadin.

Em David e Indrani Kalupahana *The Way of Siddhartha: A Life of the Buddha* (Boston: Shambhala, 1982), um filósofo budista de classe internacional e sua esposa contam a vida do Buda com excelentes seleções de textos das escrituras palis e uma ênfase especial na doutrina da Ascensão Dependente do Buda.

Life of the Buddha as Legend and History, de E. J. Thomas, 3ª edição revista (Nova York: Barnes and Noble, 1952), é um tratamento acadêmico clássico.

Capítulo 14

1. Os capítulos 14 a 18 esboçam a complexa realidade do budismo nos Estados Unidos. Nós nos baseamos nos excelentes relatos a seguir: James W. Coleman, *The New Buddhism: The Western Transformation of an Ancient Tradition* (Nova York: Oxford University Press, 2001); Rick Fields, *How the Swans Came to the Lake: A Narrative History of Buddhism in America*, 3ª edição (Boston e Londres: Shambhala, 1992); Don Morreale, org., *The Complete Guide to Buddhist America* (Boston e Londres: Shambhala, 1998); Charles Prebish, *Luminous Passage: The Practice and Study of Buddhism in America* (Berkeley: University of California Press, 1999); C. Prebish e K. Tanaka, orgs., *The Faces of Buddhism in America* (Berkeley: University of California Press, 1998); Al Rapaport, compilação, *Buddhism in America: Proceedings of the 1997 Conference on the Future of Buddhist Meditative Practices in the West* (Rutland, VT: Charles Tuttle, 1998); e Richard Hughes Seager, *Buddhism in America* (Nova York: Columbia University Press, 1999). Embora enfocados na Europa ocidental e não nos Estados Unidos, também foram muito úteis o soberbo livro de Stephen Batchelor, *The Awakening of the West: The Encounter of Buddhism and Western Culture* (Berkeley, CA: Parallax Press, 1994) e o artigo de Martin Baumann, "The Dharma Has Come West: A Survey of Recent Studies and Sources", *Journal of Buddhist Ethics* 4 (1997).

2. Citado *in* Paul Fleischman, *Cultivating Inner Peace* (Nova York: Tarcher/Putnam, 1997), 133.

3. Fields, *Swans*, 62-63.

4. Fleischman, *Cultivating*, 132.

5. H. D. Thoreau, *A Week on the Concord and Merrimac Rivers*, citado *in* Fields, *Swans*, 63.

6. O recente livro de Stephen Prothero, *White Buddhist: The Asian Odyssey of Henry Steel Olcott* (Bloomington: Indiana University Press, 1996) foi saudado como um entusiasmante retrato desse pioneiro do budismo. O estudioso do budismo Richard Gombrich acredita que o *Buddhist Catechism* de Olcott, uma tentativa de declarar os princípios básicos aos quais todos os budistas do mundo devem ser capazes de aderir, representa o começo de um moderno movimento mundial budista (*Theravada Buddhism: A Social History from Ancient Benares to Modern Colombo* [Londres e Nova York: Routledge and Kegan Paul, 1998], 186).

7. Na opinião do historiador do budismo Richard Gombrich, Dharmapala é "a mais importante figura na moderna história do budismo" (*Theravada Buddhism*, 188).

8. Veja Fields, *Swans*, 129.

9. Nas duas últimas décadas os imigrantes budistas asiáticos foram ofendidos pela freqüente sugestão de que os americanos convertidos, ou "budistas brancos", deram as principais contribuições ao "budismo americano", enquanto eles representaram um papel ínfimo. Os capítulos 15 a 18, ao enfocarem basicamente o budismo de convertidos americanos, *não* sugerem isso. Acreditamos que o budismo dos imigrantes asiáticos é uma parte tão integrante da tapeçaria americana como qualquer outra, e relatamos com alegria

194 BUDISMO

que quatro importantes publicações recentes sobre o budismo americano (de Prebish, Seager, Prebish e Tanaka [veja a nota 1 deste capítulo], e D. R. Williams e C. S. Queen, *American Buddhism* [Surrey, Inglaterra: Curzon Press, 1999]), corrigiram esse ponto de vista.

Neste livro, porém, o budismo americano é um tópico subsidiário e tínhamos de fazer escolhas. Como o budismo de convertidos americanos é mais localizado e mais provável de interessar aos leitores desta obra, colocamos nosso enfoque aí. Também fizemos isso porque nos vimos querendo organizar um esboço do budismo americano em torno do tema meditação e, conforme escreve Charles Prebish no seu excelente *Luminous Passage* (p. 63), "não há desacordo entre os pesquisadores de que as comunidades de imigrantes asiáticos e as de americanos convertidos se comprometem com expressões de práticas budistas significativamente diferentes. O consenso geral é de que os convertidos americanos gravitam na direção de várias tradições de meditação (...) enquanto os imigrantes asiáticos mantêm as práticas junto com a atividade ritual" (como, por exemplo, o budismo terra pura, abordado no posfácio deste livro, no qual imigrantes asiáticos, principalmente japoneses, tomaram a dianteira). Além disso, Paul Numrich corrigiu o equívoco de que as comunidades de imigrantes budistas asiáticos não atraíam convertidos americanos e não tinham interesse em meditação no seu recente e aclamado estudo enfocando duas comunidades em Chicago e Los Angeles, *Old Wisdom in the New World: Americanization in Two Immigrant Theravada Buddhism Temples* (Knoxville: University of Tennessee Press, 1996).

Outros estudos recentes sobre grupos étnicos budistas na América do Norte incluem Penny Van Esterik, *Taking Refuge: Laos Buddhists in North America* (Tempe: Arizona State University, Program for Southeast Asian Studies, 1992), e Janet McLellan, *Many Petals of the Lótus: Five Asian Buddhist Communities in Toronto* (Toronto: University of Toronto Press, 1999).

10. O nome que os primeiros sino-americanos deram à Califórnia.

CAPÍTULO 15

1. James W. Coleman, *The New Buddhism The Western Transformation of an Ancient Tradition* (Nova York: Oxford University Press, 2001), 119.

2. Coleman, *New Buddhism*, 14.

3. Identificados como Chogyam Trungpa e Thich Nhat Hanh, *in* R. Robinson e W. Johnson, *The Buddhist Religion*, 4ª edição (Belmont, CA: Wadsworth, 1997), 307.

4. Veja, por exemplo, Rick Fields, *How the Swans Came to the Lake: A Narrative History of Buddhism in America*, 3ª edição (Boston e Londres: Shambhala, 1992), capítulo 16.

5. Coleman, *New Buddhism*, 15.

6. Fields, *Swans*, 369.

7. Coleman, *New Buddhism*, 223.

8. Veja Donald Rothberg, "Responding to the Cries of the World: Socially Engaged Buddhism in North America", *in* Prebish e Tanaka, *The Faces of Buddhism in America* (Berkeley: University of California Press, 1998), 269. Também, Kenneth Kraft, "Prospects

of a Socially Engaged Buddhism", *in* Kenneth Kraft, org., *Inner Peace, World Peace: Essays on Buddhism and Nonviolence* (Albany, NY: State University of New York Press, 1992).

9. Citado *in* Rothberg, "Responding to the Cries", *in* Prebish e Tanaka, *The Faces of Buddhism*, 268. Fonte original: Thich Nhat Hanh, *Peace Is Every Step* (Nova York: Bantam, 1991), 91.

10. Citado *in* Charles Prebish, *Luminous Passage: The Practice and Study of Buddhism in America* (Berkeley: University of California Press, 1999), 109. Veja a Declaração de Propósito do BPF em http://www.bpf.org/bpf.

11. Entre os livros de Macy estão *Mutual Casuality in Buddhism and General Systems Theory: The Dharma of Natural Systems* (Buffalo: State University of New York Press, 1991), *Dharma and Development: Religion as Resource in the Sarvodaya Movement in Sri Lanka* (West Hartford, CT: Kumarian Press, 1983), e *Despair and Personal Power in the Nuclear Age* (Gabriola Island, BC: New Society Publishers, 1983).

12. Citado *in* Stephen Batchelor, *The Awakening of the West: The Encounter of Buddhism and Western Culture* (Berkeley, CA: Parallax Press, 1994), 369.

Capítulo 16

1. Citado *in* Rick Fields, *How the Swans Came to the Lake: A Narrative History of Buddhism in America*, 3ª edição (Boston e Londres: Shambhala, 1992), 194. Fonte original: Nyogen Sensaki, *Like a Dream, Like a Fantasy: The Zen Writings of Nyogen Sensaki* (Tóquio, Japan Publications, direitos autorais da Zen Studies Society, 1978).

2. *Ashvaghosa's Discourse on the Awakening of Faith in Mahayana Buddhism* e *Outlines of Mahayana Buddhism*.

3. Citado *in* Fields, *Swans*, 214.

4. Shobogenzo Zuimonki, citado *in* William De Bary, organizador, *The Buddhist Tradition* (Nova York: Vintage, 1972), 371, 373.

5. *Bendowa*, citado *in* Heinrich Dumoulin, *A History of Zen Buddhism* (Boston: Beacon, 1963), 166.

6. Yuko Yukoi, *Zen Master Dogen: An Introduction with Selected Writings* (Nova York, Tóquio: Weatherhill, 1976), 46-47, citado *in* S. Batchelor, *The Awakening of the West: The Encounter of Buddhism and Western Culture* (Berkeley, CA: Parallax Press, 1994), 129.

7. *Wind Bell* 5, nº 3 (verão de 1968):8, citado *in* Fields, *Swans,* 229.

8. Bernard Tetsugen, Glassman Roshi, Dennis Genpo Merzel Roshi, Charlotte Joko Beck, Jan Chozen Bays, Gerry Shisin Wick, John Tesshin Sanderson, Alfred Jitsudo Ancheta, Charles Tenshin Fletcher, Susan Myoyu Anderson, Nicolee Jiokyo Miller, William Nyogen Yeo e John Daido Loori.

9. Cuidadosamente descrito por Charles Prebish *in Luminous Passage: The Practice and Study of Buddhism in America* (Berkeley: University of California Press, 1999), 96-107.

10. Para um retrato fiel de Aitken e outros mestres de zen americanos, veja Helen Tworkov, *Zen in America: Five Teachers and the Search for an American Buddhism*, edição revista (Nova York: Kodansha International, 1994).

11. James W. Coleman, *The New Buddhism: The Western Transformation of an Ancient Tradition* (Nova York: Oxford University Press, 2001), *passim*; Fields, *Swans*, capítulos 10,11,12,15; Prebish, *Luminous Passage*, 8-20, 96-107; Richard Hughes Seager, *Buddhism in America* (Nova York: Columbia University Press, 1999), capítulo 7; e Tworkov, *Zen in America*. Para relatos sobre o zen na Inglaterra veja Christmas Humphreys, *Zen Comes West: The Present and Future of Zen Buddhism in Britain* (Londres: Allen and Unwin, 1960) e *Sixty Years of Buddhism in England* (Londres: Buddhist Society, 1968).

CAPÍTULO 17

1. O trabalho do professor Hopkins é sumariado de maneira apreciável no livro de Donald S. Lopez, *Prisioners of Shangri-La* (Chicago: University of Chicago Press, 1998), 163-73.

2. Charles Prebish, *Luminous Passage: The Practice and Study of Buddhism in America* (Berkeley: University of California Press, 1999), 41.

3. Rick Fields, *How the Swans Came to the Lake: A Narrative History of Buddhism in America*, 3ª edição (Boston e Londres: Shambhala, 1992), 306.

4. Citado *in* Fields, *Swans*, 307.

5. *Dzogchen*, ou "grande perfeição", é um dos muitos regimes da prática vajrayana. Diz respeito tanto a um caminho de treinamento completo quanto a uma forma específica de meditação nesse caminho. Considerado tradicionalmente um esforço culminante depois de anos de preparação, recentemente tem sido ensinado mais cedo por alguns professores tibetanos. Como a meditação dzogchen ensina que o praticante já *é* de alguma forma a grande perfeição que ele está trabalhando para alcançar, ela foi comparada com a doutrina zen da unicidade da prática e da iluminação (veja capítulo 16) e com a forma de meditação *shikantaza*, ou "apenas sentando", uma forma de meditação associada a essa doutrina. Dzogchen e shikantaza parecem ser potentes combinações de (1) grande esforço para sustentar uma consciência aguçada e (2) não-esforço, um desapego de *tudo* aquilo de que se torna consciente. Aqui, parecemos estar sobre o alicerce do budismo, pois uma estratégia semelhante também parece estar no âmago da prática vipassana. A consciência constante associada à não-reatividade parece ser a descoberta sagrada dos psicólogos budistas, a faca de dois gumes que se acredita que remova toda esclerose de condicionamentos que está entre a prisão e a libertação. Um relato minucioso sobre o caminho dzogchen pode ser encontrado em "The Innermost Essence", capítulo 10 do livro de Sogyal Rinpoche, *The Tibetan Book of Living and Dying* (San Francisco: HarperSanFrancisco, 1992).

6. Veja nota 5.

7. Citado *in* Richard H. Seager, *Buddhism in America* (Nova York: Columbia University Press, 1999), 122-23. A fonte original é: Erik Davis, "Digital Dharma", *Wired* (20 de agosto de 1997), online, http://www.wired.com/wired/2.08/departments/electrosphere/dharma.html(1/8/98).

Zen Buddhism: Selected Writings of D. T. Suzuki, de William Barret (Garden City, NY: Doubleday, 1956), é uma bela seleção de ensaios de autoria do estudioso japonês que transformou zen numa palavra inglesa.

The Dragon Who Never Sleeps: Verses for Zen Buddhist Practice (Berkeley, CA: Parallax, 1992), *Taking the Path of Zen* (San Francisco: North Point Press, 1982) e *Mind of Clover: Essays on Zen Buddhism Ethics*, de Robert Aitken (San Francisco: North Point Press, 1984), estão entre os muitos trabalhos de reflexão do primeiro mestre de zen americano.

Dogen's Manuals of Zen Meditation, de Carl Bielefeldt (Berkeley University of California Press, 1988), é uma porta de entrada cheia de conhecimento aos estudos de Dogen escrito por um professor de Stanford.

The Zen Teaching of Huang Po (Nova York: Grove Press, 1958) e [de Hui Hai] *Zen Teachings of Instantaneous Awakening* (Buddhist Publication Group, 1994), de John Blofeld, são traduções vívidas escritas por um inglês que passou a maior parte da sua vida estudando o budismo chinês.

Miracle of Mindfulness: A Manual on Meditation, de Thich Nhat Hanh (Boston: Beacon Press, 1992), é um ótimo exemplo do ensinamento suave e profundo desse ativista da paz e monge budista internacionalmente conhecido.

Zen and the Psychology of Transformation (já publicado como *The Supreme Doctrine*), de Hubert Benoit (Rochester, VT: Inner Traditions International, 1990) definitivamente não é para qualquer um. Apesar do aparente erro fatal de abordar o zen por meio de classificações tiradas de Gurdjieff e do Vedanta, esse psiquiatra francês produziu um livro cheio de lampejos intuitivos e totalmente original. Reflexivo e rico.

Vajrayana e Budismo Tibetano

Os livros do veterano estudioso do vajrayana, Reginald Ray, *Indestructible Truth: The Living Spirituality of Tibetan Buddhism* (Boston e Londres: Shambhala, 2000) e *Secrets of the Vajra World* (Boston e Londres: Shambhala, 2001) são muito recentes para que possamos criticá-lo mais apropriadamente, mas estão recebendo muitos elogios de leitores bem informados.

Inner Revolution: Life, Liberty and the Pursuit of Real Happiness, de Robert Thurman (Nova York: Riverhead Books, 1998) é a visão proeminente e entusiasmada do estudioso de uma "segunda" Revolução Americana pela qual o modo de vida budista completará a experiência americana da democracia e realizará, embora de maneira inesperada, o sonho americano de liberdade e felicidade genuínas. Entre outras obras de Thurman está a sua tradução excelentemente introduzida do mais famoso de todos os textos tibetanos, *The Tibetan Book of the Dead: Liberation Through Understanding in the Between* (Nova York: Bantam, 1994).

Tenzin Gyatso, o décimo quarto (e atual) Dalai Lama, é autor de numerosos livros, muitos dos quais publicados pela Snow Lion Press e pela Wisdom Publications. Alguns exemplos: *The Buddhism of Tibet and the Key to the Middle Way*, traduzido por Jeffrey Hopkins (Londres: Allen and Unwin, 1975); *Kindness, Clarity and Insight*, traduzido por Jeffrey Hopkins (Ithaca, NY: Snow Lion, 1984); e *The Freedom in Exile* (Nova York: Harper Perennial, 1990).

O livro do finado e influente professor tibetano, Chogyam Trungpa, *Cutting Through Spiritual Materialism* (Berkeley, CA: Shambhala, 1973) é um clássico contemporâneo e talvez a obra de maior alcance desse autor. Ele também é co-tradutor de *The Tibetan Book of the Dead.*

Lama Anagarika Govinda, *Foundations of Tibetan Mysticism* (York Beach, ME: Samuel Weiser, 1969), apresenta a teoria do budismo tibetano, enquanto Marco Palli, *Peaks and Lamas* (Londres: Woburn Press, 1974) escreveu um dos melhores livros de viagens espirituais já publicados.

O vídeo de meia hora de Huston Smith sobre o budismo tibetano, "Requiem for a Faith", disponibiliza em dimensões audiovisuais o vajrayana conforme descrito no capítulo 10 deste livro. Esse vídeo pode ser adquirido em The Hartley Film Foundation, Cat Rock Road, Cos Cob, CT 06807.

The Tibetan Book of Living and Dying, de Sogyal Rinpoche (San Francisco: Harper-SanFrancisco, 1992,) é uma exposição do pensamento e da prática do vajrayana que obteve grande público (edição revista, 2002).

Open Secrets: A Western Guide to Tibetan Buddhism, de Walt Anderson (Nova York: Penguin, 1979) continua sendo um relato útil e de leitura agradável. Um excelente lugar para se começar.

Com 450 páginas, *Introduction to Tibetan Buddhism* (Ithaca, NY: Snow Lion, 1995), de John Powers, é um relato minucioso e útil.

Donald S. Lopez, *Prisoners of Shangri-La: Tibetan Buddhism in the West* (Chicago: University of Chicago Press, 1998) faz uma reflexão erudita e crítica sobre o perigo ocidental de romantizar essa tradição.

BUDISMO NO OCIDENTE E NOS ESTADOS UNIDOS

How the Swans Came to the Lake: A Narrative History of Buddhism in America, de Rick Fields, 3ª edição (Boston e Londres: Shambhala, 1992) e *The Awakening of the West: The Encounter of Buddhism and Western Culture,* de Stephen Batchelor (Berkeley, CA: Parallax Press, 1994) são excelentes narrativas históricas cravejadas com jóias de lampejos intuitivos budistas. Fields cobre a parte americana e Batchelor, a européia.

The Faces of Buddhism in America, organizado por C. Prebish e K. Tanaka (Berkeley: University of California Press, 1998), é uma coleção de dezesseis ensaios sobre as várias formas do budismo americano e os temas sociais e filosóficos que abordam.

The New Buddhism: The Western Transformation of an Ancient Tradition, de James Coleman (Nova York: Oxford University Press, 2001), é um estudo sociológico muito útil e atraente sobre o budismo americano.

Luminous Passage: The Practice and Study of Buddhism in América, de Charles Prebish (Berkeley: University of California Press, 1999), é excelente e também o mais recente trabalho de um experiente cronista do budismo americano.

Richard Hughes Seager, *Buddhism in America* (Nova York: Columbia University Press, 1999).

Al Rapaport, *Buddhism in America: Proceedings of the 1997 Conference on the Future of Buddhist Meditative Practices in the West* (Rutland, VT: Tuttle, 1998).

Don Morreale, *The Complete Guide to Buddhist America* (Boston e Londres: Shambhala, 1998).

Martin Baumann, "The Dharma Has Come West: A Survey of Recent Studies and Sources", *Journal of Buddhist Ethics* 4 (1997).

Veja também Helen Tworkov, *Zen in America: Five Teachers and the Search for an American Buddhism* (Nova York: Kodansha International, 1994), para conhecer os perfis de Robert Aitken, Jakusho Kwong, Bernard Glassman, Maurine Stuart e Richard Baker.

MULHERES NO BUDISMO

Três livros que revelam o importante papel que as mulheres estão representando no desenvolvimento do budismo americano são *Turning the Wheel: American Women Creating the New Buddhism* (San Francisco: HarperSanFrancisco, 1988), de Sandy Boucher; *Meetings with Remarkable Women: Buddhist Teachers in America* (Londres e Boston, Shambhala, 1987), de Lenore Friedman; e *Buddhism Through American Women's Eyes* (Ithaca, NY: Snow Lion, 1995), de Karma Lekshe Tsomo.

Outros livros sobre vários aspectos desse tópico incluem: Kathryn Blackstone, *Women in the Footsteps of the Buddha: Struggle for Liberation in the Therigatha* (Surrey, Inglaterra Curzon, 1998); Tessa J. Bartholomeusz, *Women Under the Bo Tree: Buddhist Nuns in Sri Lanka* (Nova York: Cambridge University Press, 1994); e Sandy Boucher, *Opening the Lotus: A Women's Guide to Buddhism* (Boston: Beacon, 1997); Marianne Dresser, *Buddhist Women on the Edge: Perspectives from the Western Frontier* (Berkeley, CA: North Atlantic Books, 1996); Rita Gross, *Buddhism After Patriarchy: A Feminist History, Analysis and Reconstruction of Buddhism* (Albany: State University of New York Press, 1993); Anne Klein, *Meeting the Great Bliss Queen: Buddhists, Feminists and the Art of the Self* (Boston: Beacon, 1996); Susan Murcott, *The First Buddhist Women: Translations and Commentaries on the Therigatha* (Berkeley, CA: Parallax, 1991); Diana Paul, *Women in Buddhism: Images of the Feminine in Mahayana Buddhism* (Berkeley: University of California Press, 1985); Miranda Shaw, *Passionate Enlightenment: Women in Tantric Buddhism* (Princeton, NJ: Princeton University Press, 1995); e Karma Lekshe Tsomo, *Sakyaditta: Daughters of the Buddha* (Ithaca, NY: Snow Lion, 1988.)

Sites

Uma compilação magistral e uma discussão sobre a cybersangha, ou seja, os sites budistas da internet, podem ser encontradas no capítulo 4 do livro de Charles Prebish, *Luminous Passage: The Practice and Study of Buddhism in America* (Berkeley: University of California Press, 1999). Como muitos sites têm links com inúmeros outros, listamos apenas alguns, os quais achamos particularmente úteis.

http://www.baumann-martin.de-, a homepage de Martin Baumann, um estudioso budista europeu que faz a crônica da cena budista global.

http://www.jbe.gold.ac.uk (jbe = *The Journal of Buddhist Ethics*)

http://www.accesstoinsight.org

http://www.dharmanet.org (Dharma Net International)

http://www.buddhanet.net

The Buddha: His Life Retold (Nova York: Paragon House, 1991), de R. A. Mitchell, transmite com sucesso a "inevitável marca da personalidade calorosa e vigorosa (e o) poder insuperável do seu intelecto e consciência espiritual única que atravessa eras".

O CÂNON PALI E O DHAMMAPADA

Os discursos do Buda estão agrupados em cinco *nikayas*, ou coleções: o *samyutta*, o *majjhima*, o *dhiga*, o *anguttara* e o *khuddhaka*.

The Connected Discourses of the Budha, de Bikkhu Bodhi, é uma nova e autêntica tradução do *Samyutta Nikaya* (Londres: Wisdom Publications, 2002), 2.080 páginas; *Middle Length Discourses of the Budha*, de Bikkhu Nanamoli e Bhikku Bodhi é uma nova tradução do Majjhima Nikaya (Londres: Wisdom Publication, 1995), 1.424 páginas; e *The Long Discourses of the Buddha, de Maurice Walshe,* é uma nova tradução do *Digha Nikaya* (Londres: Wisdom Publication, 1987), 656 páginas.

A pequena antologia das escrituras em pali mais rica que conhecemos é de Nyanatiloka, *The World of the Buddha* (Kandy, Sri Lanka: Buddhist Publication Society, 1981).

Alguns acreditam que as traduções feitas no final do século XIX por Henry Warren *in Buddhism in Translation* (reimpressão, Cambridge, MA: Harvard University Press, 1953) nunca foram ultrapassadas, enquanto outros dizem que sua elegância está comprometida pela idade.

O *Dhammapada* ("Caminho do Dhamma"), uma coleção de cerca de quatrocentos dizeres atribuídos ao Buda, é a parte mais conhecida no mundo todo do *Khuddaka Nikaya* do Cânon Pali. Nossa tradução preferida é a de Eknath Easwaren, *The Dhammapada* (Tomales Bay, CA: Nilgiri Press, 1985, 1996). Sua herança indiana, seus dons literários e sua sensibilidade espiritual (que nos deu traduções excelentes dos *Upanishads* e do *Bhagavad Gita* hindus) produz aqui uma sublime versão das palavras do Buda. Todos os versos tremeluzem com a serena confiança da autoridade. A brilhante introdução de setenta páginas à vida e aos ensinamentos do Buda que precede a tradução é uma atração à parte. Também altamente recomendáveis são Irving Babbitt, *The Dhammapada* (Nova York: New Directions, 1965) e Narada Thera, *The Dhammapada* (Colombo: Vajirarama, 1972).

ESCRITURAS MAHAYANA

O fino volume de Edward Conze, *Buddhist Wisdom Books* (Londres: Allen and Unwin, 1958) é uma tradução perspicaz com comentários de duas das mais famosas escrituras mahayanas, o Sutra do Coração e o Sutra do Diamante.

Um trecho do Sukhavati Sutra, a base escrita da tradição terra pura, pode ser encontrado *in* Edward Conze, *Buddhist Scriptures* (Baltimore: Penguin Books, 1959).

Entering the Path of Enlightenment, de Marion Matic (Nova York: Macmillan, 1970), é uma bela tradução da provável expressão mais acalentada do ideal do bodhisattva, o poema do século VIII de Santideva, o *Bohdicaryavatara*. A introdução de 140 páginas de Matic é rica e útil.

The Drama of Cosmic Enlightenment: Parables, Myths and Symbols of the White Lotus Sutra, de Sangharakshita (Glasgow: Windhorse Publications, 1993), é uma série de leituras informativas sobre o Sutra do Lótus, um importante texto Mahayana.

Escrituras Pan-Budistas

Qualquer um dos seguintes textos dará aos leitores interessados uma ampla e confiável idéia sobre a literatura sagrada budista: Edward Conze *et al.*, *Buddhist Scriptures* (Baltimore: Penguin Books, 1959), Edward Conze, *Buddhist Texts Through The Ages* (Oxford, Inglaterra: Oneworld Publications, 1995); John Strong, *The Experience of Buddhism: Sources and Interpretations* (Belmont, CA: Dickenson, 1973); William T. De Bary, org., *The Buddhist Tradition in India, China and Japan* (Nova York: Modern Library, 1969); E. A. Burtt, org., *The Teachings of the Compassionate Buddha* (Nova York: New American Library, 1955); e Sangharakshita, *The Eternal Legacy* (Londres: Tharpa, 1985).

Uma nova antologia das escritas budistas foi criada por Donald J. Lopez, *A Modern Buddhist Bible: Essential Writings from East and West* (Boston: Beacon Press, 2002).

Filosofia Budista

The Central Philosophy of Buddhism, de T.R.V. Murti, (Nova York: Macmillan, 1955), não é fácil nem incontroverso, mas para budistas que gostam de pensar, é certamente um dos melhores livros sobre o budismo do século XX, uma exposição tenaz da Escola Madhyamika ("Caminho do Meio") e sua doutrina do vazio.

Nagarjuna's Philosophy, de K.V. Ramanan, (1966; reimpressão, Colúmbia, Missouri: South Asia Books, 1993), é um estudo rico e belo do filósofo que foi chamado de "o segundo Buda".

Nagarjuna: The Philosophy of the Middle Way, de David Kalupahana, (Albany: State University of New York Press, 1986) é uma nova tradução do principal trabalho de Nagarjuna, prefaciado por um vigoroso argumento de cem páginas que reavalia o lugar de Nagarjuna na história da filosofia budista.

A History of Buddhist Philosophy: Continuities and Discontinuities, de David Kalupahana (Honolulu: University of Hawaii Press, 1992) é uma obra madura de um dos maiores historiadores da filosofia budista da nossa era.

Lack and Transcendence: The Problem of Death and Life in Psychotherapy, Existentialism and Buddhism, de David Loy, (Atlantic Highlands, NJ: Humanities Press, 1996) é um magnífico conjunto de ensaios de um filósofo treinado na tradição zen. Loy argumenta que a repressão básica na vida psicológica do ser humano não é o sexo (como diz Freud) ou a morte (como afirma o neofreudiano Ernest Becker), mas o fato do anatta, ou não-eu. Munido com esse diagnóstico, ele critica profundamente tanto a tradição filosófica ocidental quanto a cultura contemporânea.

The Vision of Dhamma, de Nyanaponika Thera (York Beach, ME: Samuel Weiser, 1986), é para o especialista. É uma série de ensaios claros e profundos sobre idéias-chave budistas escritos por um grande monge erudito theravadin do século XX.

Buddhist Thought in India, de Edward Conze, (Londres: Allen and Unwin, 1962), embora não seja, definitivamente, para iniciantes, é um estudo penetrante sobre a evolução das primeiras idéias budistas escrito por esse celebrado estudioso do século XX.

Embora Anagarika Govinda tenha devotado a maior parte da sua vida ao vajrayana, um dos seus primeiros trabalhos, *The Psychological Attitude of Early Buddhist Philosophy* (Londres: Rider, 1969) continua sendo uma exposição excelente e comprometida da psicologia do budismo primitivo, repleto de ilustrações interessantes.

Understanding Buddhism, de Nolan Pliny Jacobson (Carbondale: Southern Illinois University Press, 1986), é um dos livros em inglês mais belos e menos conhecidos sobre o budismo, uma série de ensaios originais, revigorantes e quase sempre formidáveis.

Buddhism Without Beliefs, de Stephen Batchelor (Nova York: Riverhead, 1997), é uma série de ensaios inteligentes sobre o budismo ocidental que traz como tema quanto do budismo tradicional seria uma bagagem dispensável. Batchelor é um dos mais brilhantes, bem-informados e experientes autores budistas contemporâneos e um guia confiável.

The Buddhist Teaching of Totality, de Garma C. C. Chang (University Park: Pennsylvania State University Press, 1974), continua sendo um exame acessível e delicioso sobre a idéia budista da interdependência.

BUDISMO TERRA PURA

Um livro que pega os leitores pela mão, por assim dizer, e os leva até o coração do budismo terra pura é o de Hiroyuki Itsuki, *Tariki* (Tóquio e Nova York: Kodansha, 2001). Suas múltiplas virtudes são centradas no fato de ser um relato sincero e autobiográfico de alguém que estava à beira do desespero por causa de uma série de infortúnios cataclismáticos e foi redimido pelo Outro Poder (*tariki*) que chegou até o autor por meio do budismo terra pura. O fato de o escritor ser um dos mais importantes romancistas do Japão garante que seja narrado com beleza.

No outro extremo está *The Pure Land Tradition: History and Development,* James Foard, org., Michael Solomon e Richard Payne (Berkeley Buddhist Series, Berkeley, CA: Regents of the University of California, 1996). Um verdadeiro depósito de informação factual, conta mais sobre o budismo terra pura do que os leitores em geral sentem que precisam saber, mas é o melhor livro de referência sobre o assunto. Os leitores que gostariam de se aventurar um passo além do que o livro diz sobre o budismo terra pura no seu posfácio serão atendidos pelo capítulo de Taitetsu Unno chamado "Shinran: A New Path to Buddhahood".

Entre os dois livros acima está o de Kenro Kanamatsu, *Naturalness: A Classic of Shin Buddhism* (World Wisdom, P.O. Box 2862, Bloomington, IN, 47402). É um volume adorável e curto que pode ser lido numa sentada e que transmite a essência do budismo terra pura com beleza.

MEDITAÇÃO BUDISTA

"Melhor que mil palavras inúteis é uma única palavra que traga paz", disse o Buda. Os professores de meditação budista parecem sugerir de maneira semelhante que "melhor que mil livros sobre meditação é um único curso sobre ela". Há, hoje, muitos centros no Ocidente onde excelentes treinamentos de meditação são oferecidos. Veja os capítulo 16, 17 e 18 a esse respeito. A lista de centros e grupos budistas mais completa está no livro de Don Morreale, *Complete Guide to Buddhist America* (Boston e Londres: Shambhala, 1998).

VIPASSANA

Uma das primeiras narrativas clássicas da meditação *satipatthana* ("atenção", ou seja, vipassana) é *The Heart of Buddhist Meditation,* de Nyanaponika Thera, (Nova York: Weiser, 1973) de Nyanaponika Thera.

The Art of Living: Vipassana Meditation as Taught by S. N. Goenka, de William Hart (San Francisco: HarperSanFrancisco, 1987) é uma excelente introdução a essa prática. Veja capítulo 18.

Os influentes métodos de meditação vipassana do mestre birmanês Mahasi Sayadaw (veja capítulo 18) são descritos por Jack Kornfield em *Living Dharma: Teachings of Twelve Buddhist Masters* (Boston: Shambhala, 1995), 51-81; Mahasi Sayadaw, *Satapatthana Vipassana* (Seattle: Pariyatti Press, 1990); o livro de Nyanaponika Thera citado acima, *The Heart of Buddhist Meditation,* e *The Power of Mindfulness* (Seattle: Pariyatti Press, 1986); e E. H. Shattock, *Experiment in Mindfulness* (Nova York: Weiser, 1972).

Ótimas introduções à prática budista da Insight Meditation Society e do Spirit Rock Meditation Centre (veja capítulo 18) podem ser encontradas em Joseph Goldstein, *Insight Meditation: The Practice of Freedom* (Boston: Shambhala, 1994); Goldstein, Kornfield e outros, *Seeking the Heart of Wisdom: The Path of Insight Meditation* (Boston: Shambhala, 2001); Sharon Salzberg, A *Heart as Wide as the World* (Boston: Shambala, 1997); Sylvia Boorstein, *Don't Just Do Something, Sit There: A Mindfulness Retreat* (San Francisco: HarperSanFrancisco, 1996); e Henepola Gunaratana, *Mindfulness in Plain English* (Londres: Wisdom Publications, 1993).

Dois filmes soberbos sobre a prática da vipassana em prisões, que também servem como excelente introdução a essa forma de meditação, são *Doing Time, Doing Vipassana* e *Changing from Inside,* ambos disponíveis no site pariyatti.com.

ZEN E ZAZEN

Dois clássicos americanos diferentes que se complementam maravilhosamente são Philip Kapleau, *The Three Pillars of Zen* (Nova York: Anchor Books, 1989) e Shunryu Suzuki, *Zen Mind, Beginner's Mind* (Nova York: John Weatherhill, 1970).

Wisdom of the Zen Masters, de Irmgard Schloegel (Nova York: New Directions, 1975), é uma coleção instrutiva e saborosa de ditados zen.

Provavelmente nunca haverá um livro escrito em inglês que nos leve tão a fundo no treinamento do koan de Rinzai Zen quanto o de Isshu Miura e Ruth Fuller Sasaki, *Zen Dust* (Nova York: Harcourt, Brace & World, 1966).